NANAMI

Nestlé
7
YAMA

Nestlé
7
Nestlé
13
YAMA

JUBILO

KRONOS

S E R I E   A

REPRESENTATIVE

終　わ　り　な　き　旅

NANAMI

名波 浩

幻冬舎

NANAMI
終わりなき旅

目次

二〇〇〇年九月、イタリアから帰国した僕はジュビロ磐田《いわた》と契約を結んだ。

記者発表が行われ、再びジュビロのユニフォームを着る。

その翌日のことだった。僕はチームメイトたちと共にグラウンドに出、特に激しい調整をするわけでもなく、いつもと変わらない練習をしていた。懐かしく、気心の知れたチームメイトと再会し、遠慮なく和の中に溶け込むことが出来ていた。僕がセリエAから帰って来たということを特に意識するような選手は一人もいなかった。

ジュビロは僕が加わった時点で、首位に勝ち点で五差。まだ優勝の可能性があった。また、アジアクラブ選手権にも出場しており、一試合目のアウェーゲームには登録が間に合わなかったものの、二試合目のホーム戦には出られることが決まっていた。僕は自分のモチベーションをそれらに見つけ、再びJリーグのフィールドに立つ決意を固めていた。

しかし、何の前触れもなく、それは起こった。

嘔吐《おうと》が止まらない。

まだ夏の日差しの残ったグラウンドで吐き気を催し、そのままトイレに駆け込んだ。嘔吐は続いた。吐いても吐いても止まらない。とうとう前日から食べていたものをすべて吐き出してしまった。

僕は練習を途中で切り上げ、ホテルに戻った。その時、僕には家がなかったのだ。イタリアに発《た》つ際に当時住んでいた部屋を引き払い、荷物はすべて友人にあげるか、実家に送るかしていた。イタリアに行った時点で、僕の住む家は日本にはなかったのだ。

「次の移籍先が決まるまでホテル暮らしするしかないな」

そうして僕は磐田近辺のホテルに住む日々を三ヶ月近く続けていた。

ホテルの部屋に着くなり、ペットボトルのコーラに手を伸ばした。まずい。何より好きなコーラがひどくまずく感じた。

そうするうちにまた吐き気を感じ、トイレに駆け込む。ほとんど空っぽになった胃からは胃液しか出ない。

前日は酒を口にしてはいなかった。食事も仲間たちと同じものしか食べていない。食あたりならば他の誰かも同じ症状になっているはずだ。特に激しい練習をしていたわけでもない。熱が少しあるような気がした。風邪でもひいたのか、そう思って、ペットボトルの水を一気に飲み干した。そしてまた吐いた。水さえ飲めない。

一晩中、吐き気が止まらず、腹痛が続いた。痛みで眠れず、気が付くと、ホテルの窓の外が明るくなっていた。病院が開くのを待って、午前七時、僕はタクシーに乗った。

急性胃炎。

それが医者のとりあえずの診断だった。胃が極度に膨張しているらしい。怪我《けが》も少なく、ほとんど病気らしい病気をしたことのない僕にとって、はじめての経験だった。

二十四時間微熱が続いた。食べ物を受け付けない。無理して一口でも食べると、すぐに吐いてしまう。水も飲めない。毎日のように病院に通った。ホテルに帰ると眠り続け、病院に通う。その繰り返しの日々。

原因は一つしかなかった。

僕は抜け殻だった。

イタリアから日本に帰国した僕は目標を見失った。

僕にはもう何もなかった。


イタリアを、ベネチアというチームを去ったのはそれより三ヶ月ほど前のことだ。

四月から五月にかけての頃、チームのセリエB落ちは決定的になり、セリエBに落ちた際にはチームを出る契約をしていた僕は、すでにチームメイトたちとの別れの準備をしていた気がする。

週に一度ある練習試合に向かう時など、チームメイトの車に同乗し、来季の話をした。

「おまえは来年どうするんだ?」

「また次の移籍先を探すよ。おまえは?」

「自分の国に帰るかな」

同じ外国人選手たちと、そんなような話をどちらからともなくした。

帰国を前にして、お別れ会のようなものが催された。選手、スタッフが全員集まった。日本でいうところの、納会のようなものだろうか。僕はその場でチームメイトやスタッフに別れを告げた。

監督、そして会長からの挨拶《あいさつ》があった。

「ほとんどの選手の来季の去就はまだ決まっていないが、名波《ななみ》が出ることは決まっている。一年間がんばってくれた彼に、ありがとうと言いたい」

僕にはそれぐらいの言葉しかわからなかったが、会長がそんな風に言ってくれて、嬉しかった。ふと見ると、外国人担当で、僕の面倒をみてくれていたマネージャーが号泣していた。

一年という期間ではあったが、チームメイトに対しては少なくない思い入れがある。彼らはみんなよくしてくれた。ほとんど言葉がわからない頃から、彼らは僕を受け入れてくれた。みんなと仲良くなれた。たとえば、食事にでも行けば、日本の選手たちと変わらない。流行の話、お金の話、女の子の話。そういったごく普通の会話が出来る関係だった。遠征に行ったこと、キャンプに行ったこと、それら一つ一つがまるで遠足の思い出のように印象に残っており、この納会の時にも頭によみがえってきた。

ベネチアのそのシーズン最後のゲームがボランティアのような形で行われる日、僕は帰国した。モロッコで行われる日本代表試合のために、急遽《きゅうきょ》招集され、帰国が早まったのだ。シーズンを共に戦った仲間たちが試合をしている時間に、僕は一人空港にいた。特に感傷的になることはなかった。機内ではずっと眠っていた。成田空港に着くと、何人かのマスコミの人々から質問を受けた。僕は何も答えなかった。何も話すことはなかった。

試合がしたかった。

自分の力を試したくて、うずうずしていた。

一年間イタリアに行ったこと。それが自分にどんな変化をもたらしていたのかを測る物差しが欲しかった。自分の今の実力を測れるまでは、余計なことを話したくなかった。イタリアにいる間も何度か代表に招集されてはいたが、コンディションの問題、あるいは遠征してすぐ試合をしてまたすぐに帰るという状況でもあり、正確に実力を測ることはできなかった。

一日も早く試合がしたかった。

しかし、モロッコでの代表試合で自分の力を試せたと思った瞬間、僕は宙に放り出された。

移籍先が決まらない。

引き続きヨーロッパのチームに移籍したいという気持ちが当然あった。

そして僕の周囲のスタッフたちもそれを前提として活動していた。具体的にスペインのチームとの交渉が続いていた。しかし一向に移籍先が決まらないまま、時間ばかりが過ぎていく。

僕はどこのチームにも所属しないプレイヤーだった。試合の出来ないプレイヤー。一人でジムに行き、筋力トレーニングをした。一人で公園に行き、走った。

そうして三ヶ月という月日が過ぎていった。

「早く決めたい」

「早く試合がしたい」

焦りばかりが増していく。

移籍交渉に動くスタッフから、逐一報告が入ってきていた。移籍は難航していた。これは、人間を動かす契約なのだ。

「八月いっぱいにヨーロッパでの移籍先が決まらなければ、ジュビロに戻る」

それが僕に決められた流れだった。

それはそれで構わない。しかし、僕はこの三ヶ月の空白の中で、完全に目標を見失ってしまった。

答えを持たずに過ごしたこの間に、精神的に煮詰まってしまった。

「イタリアで手に入れてきたものを試したい」

「プレイさえ出来れば何とかなるんだ」

しかしその思いの行き場所はなかった。自分の力の使い道がなかった。新しいものを発見してきたというのに、何も出来ない。六月のモロッコでのハッサン二世国王杯からゲームをしておらず、目標も希望も何もない。
九月に入り、ジュビロとの契約が決まった頃、僕は抜け殻だった。
完全に冷めていた。モチベーションとなるものを、どうしても見つけられなかった。
この先どうなるのだろうという不安。
そして、嘔吐した。
精神的なことから内臓が駄目になった。
僕はジュビロの強化部長に言った。
「俺には何も目指すものがないんだ」
この時、僕は浪人だった。

第一章　海外移籍へのスタンス

1

　一九九八年十一月二十八日。二十六回目の誕生日の日、Jリーグチャンピオンシップの二戦目を戦うため、僕はジュビロ磐田《いわた》のチームメイトたちと共にカシマスタジアムに向かった。僕のバッグの中にはパスポートが入っていた。

　この年は僕にとってJリーグ四年目のシーズン、ジュビロ磐田は最高のチームだった。チームが最も完成され、充実していた年だろう。チームメイトの誰とでもイメージを共有することが出来、最高のサッカーが出来た。特に中盤を形成した四人。まず藤田《ふじた》俊哉《としや》がいる。そして、ドゥンガ、奥大介《おくだいすけ》。中山雅史《なかやままさし》さんが開幕早々に四試合連続のハットトリックをした。

　ファーストステージ、セカンドステージ共に十三勝四敗で、一位と二位。実際の負け数ほどに負けた気はしない。ジュビロ磐田は負ける気がしなかった。両ステージ合わせて得点は百を超えた。互角にやれたのは鹿島《かしま》アントラーズと清水《しみず》エスパルスくらいなものだった。ジュビロはセカンドステージ優勝をアントラーズに奪われ、チャンピオンシップに挑んだ。

　カシマスタジアムでの試合終了後、僕は成田からフライトするつもりでいた。行き先はフランス。カシマスタジアムから成田空港は近い。試合が終わったら、その日のうちに成田から飛行機に乗り、フランスに向かうというスケジュールだった。

ワールドカップフランス大会終了後、幾つかの新聞紙上に名波浩に対して海外のクラブチームからのオファーが来ているとの記事が載りはじめた。そのすべてが架空の話だ。実際、僕の耳に入ってきた移籍話は、このフランス行きに関わる話がはじめてだった。

「おまえは海外でプレイする気はあるのか?」

ジュビロとは別に、マネージメント全般をみてくれている所属事務所の方からこの言葉を聞いたのは、十一月に入り、ナビスコカップ決勝、チャンピオンシップと、アントラーズとの試合が三試合続けて行われることになった矢先のことだ。それ以前に、僕が海外移籍のことを考えたことは一度もなかったし、オファーも存在しなかった。

はじめてのオファーはフランスリーグのあるチーム。行く気はあるのか。スタッフにそう聞かれた。その時はじめて海外を意識した。海外でのプレイ。僕はヒデ(中田《なかた》英寿《ひでとし》)のように、自らの意思で海外に行こうと思って行ったわけではない。僕はそういうタイプの人間ではない。受け身と言ってもいい。

「行かないこともないよ」

僕の答えはそんなようなものだった。はじめてのオファーであり、特に具体化された話でもなく、実感はなかった。

その後、オファーをくれたフランスのチーム関係者が、Ｊリーグの試合を大阪まで見に来たこともあり、代理人との間で移籍話は進展していった。僕自身は関係者と面会することはなかったが、ひとまずはフランスに行っちゃえ、そんなふうにも考えていた。

フランスリーグに行くかもしれない。ジュビロというチームも理解してくれている。仲間たちにもそのことを告げた。まずは現地に行き、関係者と会い、具体的な話を聞こう。チームの状況、戦績のこと、すべて詳しく聞くつもりでいた。既に自分の中ではフランス行きの気持ちは盛り上がっていた。

鹿島との試合は激しいものになった。スタンドには僕の誕生日を祝うボードを持ったサポーターの姿も見えた。もちろん僕がこの後フランスに渡ることは誰も知らない。

試合には敗れた。

バスに乗り込み、スタジアムを後にしようとする時、携帯のベルが鳴った。代理人からの電話だった。

「フランス行きはなくなった」

僕にオファーを出してきたチームの会長と監督が交替してしまったことにより、今回のフランス行きはなくなった。彼はそう言った。

バッグの中のパスポートは、もう必要ない。

盛り上がっていた気持ちが急速にしぼんでいった。

最悪な誕生日だった。

2

年が明けて一九九九年一月、僕はフランスリーグのチーム、マルセイユの練習に参加した。マスコミにはそれが入団に向けての視察として報道されていたが、それは違う。

まず、フランス行きが消えたことで、もうオファーはないだろうと考えていた。もうどこかに行くことはないだろう。それならそれでジュビロに残るだけのことだ。ただ、海外のリーグに刺激を求める気持ちがないこともなかった。

マルセイユの練習に参加することになったのは、スポンサーの関係で仲介をしてくれる方がいて、海外チームの練習に身をおいてみたいというぐらいの思いからだ。刺激を求めていたのだ。語学力の問題も気にはなったが、勢いで加わってみることにした。

ところが出発前にインフルエンザにかかり、三十九度の熱を出してしまった。体がまったく動かない状態だ。しかし、マルセイユの練習には行ってみたかった。どうしても一度練習を経験してみたかった。熱でまるで言うことを聞かない体で、僕は飛行機に乗った。

海外チームの練習に参加するのははじめてだった。実際には日本のクラブで行っている練習と何ら変わらなかった。違いはどういうわけかストレッチが非常に長かったことぐらいだろうか。

フランス代表のティエリ、ブランがいた。イタリアのラバネッリら、有名選手も多くいた。練習をする中では、負けていなかったと思う。圧倒されるということもなく、やっていける感じは摑めた。会長、監督、コーチらとも会話する機会があった。マルセイユに移籍する予定はまったくなかったのだが、会長がやたらと大きな話をしていたのを覚えている。残念ながら翌年は二部に落ちてしまい、主力がすべて抜け、サポーターの暴動が起きたりと大変だったようだが。

ある日、ペルージャの試合がミラノで行われることを現地で知った。マルセイユはフランスの南部にあり、ミラノとそう遠くはない。当日行われるはずだった午前中の練習を前日に回してもらい、僕はミラノに向かった。ペルージャはアウェー戦だったこともあり、厳しい戦い方をしていた。後にヒデから聞いたところ、チームとしても調子が悪かったらしい。実際、ヒデにもあまりボールが回って来なかった。

印象に残っているのは、ペルージャのボランチのオリーベという選手で、ヒデのことをよく理解してプレイしていると思った。彼の場合は僕よりもさらに攻撃的で点を取りに行くボランチだったろう。それは日本代表とセリエAのチームとの違いでもある。

帰国したその日、チームの田中誠《たなかまこと》の結婚式に出席し、そして次の日にはジュビロの合宿のために鹿児島に出発した。いつもながら慌ただしかった。

ジュビロには、前シーズン限りでドゥンガがいなくなった。僕はドゥンガのポジションを任されることとなる。しかし、この合宿の時点ではまだ監督からは告げられておらず、いつものようにトップ下、二列目、ボランチと三つのポジションをこなすという日常だった。

ジュビロに入団した頃、スカウトの方から聞かされていたことがあった。

「五年後には日本人だけで優勝するチームを作りたい」

僕が入団してちょうど五年目。ジュビロはアジウソンを怪我で欠いていたこともあり、チームは監督も含め日本人だけで構成されていた。

日本人のみで優勝する。このシーズン、僕の目標はそこにあった。そしてジュビロ磐田はファーストステージの優勝を果たした。ジュビロにおける、僕の目標は果たされたといえる。


おそらく移籍するには、一番いいタイミングだったのだろう。

三月の終わりだったろうか、Ｊリーグが開幕すると同時に海外のクラブチームから再びオファーが来ていた。

今度はイタリア、セリエAに所属するチームだった。

チームの名前は、ベネチア。

僕はベネチアというチームのことは何も知らなかった。観光都市として有名だが、旅行に興味のない僕はベネチアと言われても何も思い浮かばない。僕らはおそらく一般の人よりも海外に行く機会が多いと思うが、観光する時間もなく、試合をしてすぐに帰ってくるだけだ。ベネチアにしても同じで、興味の対象からはずれていた。

まずベネチアのゼネラルマネージャーたちがベルマーレ平塚《ひらつか》戦を見に来た。身分照会の書類をジュビロとやり取りしていたようだ。前回のオファーとは違い、試合後に食事をして話をした。

ゼネラルマネージャーは僕に言った。

「ワールドカップの時のおまえのプレイは見ていたが、それが今日確信に変わったよ」

試合前から彼らが来ることは知っていたが、その試合で僕は普段通りのプレイをしただけだ。二人連続股抜きなんてこともしたが、それがいいプレイとも思わないし、ある意味面白くもない。

前回、フランスのチームからのオファーがご破算になったこともあり、この席では彼らを静観していた。本当に自分を欲しがっているのだろうか。後に正式な文書としてのオファーがジュビロに入るまでは、特に身を乗り出すこともなかった。僕の他にジュビロに興味ある選手はいるか、なんて意味のないことを聞いたりしていた。

僕の気持ちが海外移籍に向けてまた盛り上がりはじめたのは、契約寸前になってからだ。五月の終わり、イタリアに渡る直前の頃だろうか。前回フランスのチームへの移籍話があった時は、チームメイトにもかなり話していたのだが、この時はほとんど話していない。本当に身近な、普段よく食事をする選手ぐらいにしか打ち明けていなかった。

実は自分の中ではっきりとイタリア行きを決意した瞬間というのも、よくおぼえていない。すべてが早いテンポで決まっていき、気が付くとイタリアにいた。オファーを受けてから移籍決意、そしてイタリア行きまでは駆け足だった。おそらく、契約を決めたのは五月頃だろう。イタリアのシーズンが終わる三試合前ぐらいのことだ。ベネチアのセリエA残留もほぼ確定していた。ジュビロというチームも快く出してくれた。以前から優勝したら行ってもいいよと言ってくれていたし、その通りにしてくれた。あのチームは僕の大切な理解者だ。また両親もそうだった。むしろ僕よりもミーハー的に喜んでいただろう。

僕がセリエAに行けたのは、カズ（三浦知良《みうらかずよし》）さんとヒデのおかげだと思っている。道を作ってくれた人たちがいたからこそ入れた。彼らがいなければ僕はセリエAでプレイ出来なかったことを忘れたくない。

まだ野球の野茂《のも》選手がアメリカに行くより前、カズさんはセリエAに行った。日本人として初のセリエAの選手となった。すごいと思った。自分自身が行く以前から思っていたのだが、行くことに何より意義がある。初めて代表に入った年、カズさんが日本に帰って来て、代表チームで会った。その時がほとんどはじめてカズさんと話をした時だった。僕は、あっ、カズだ！　すげえ！　なんて調子だった。僕はファンとしての興味から、カズさんの所属するジェノアはどうですかなどと聞いてみた。カズさんは細かくイタリアのことを話してくれ、改めてこの人はセリエAという未知の場所ですごいことをしているんだと感じた。

ヒデにもベネチアがどんなチームなのか聞いてみたことがある。彼はベネチアのことを、Jリーグのあるチームにたとえて教えてくれた。その時はベネチアに対してあまりいい印象を持たなかった。自分のプレイスタイルとベネチアのスタイルの違いは、その時すでに感じていた。ヒデがしたように自分の力を認めさせた上で、自分を中心としたチームに作り替えることは出来るのか。

今思えば、日本人が海外のチームでプレイする場合、そうしなければ成功するのは難しいと思う。例えばサイドバックなどのポジションなら別だろうが、フォワードや中盤の選手はチームの中心として、チーム自体を変えていかなければ、こちらから適応させるのは難しい。

「僕に足りないものが何かを探しに行く」

出発当日、記者会見が開かれ、イタリアに行く目的は何かと聞かれた。その際に僕が言ったその言葉は妙に一人歩きし始め、自分でも戸惑っている。

足りないもの。特に深く考えて言った言葉ではない。むしろ思いつきで言ったことであり、深く考えられると少し困るのだ。嘘を言ったわけではない。本当の気持ちではあるが、それはイタリアに行くから特別に思ったことではなく、自分にとってごく当たり前の気持ちだ。常にすべてが課題であり、すべてが僕にとって必要なことだ。どこまで通用するか試したい気持ちがあり、行けば多くのものを得るだろうと考えていた。修行してこようという気持ちがあったからこその言葉だ。

結果としてどうだったのか。足りないものは見つかったのか。これは足りないかな、ちょっとダメかな、間違ってるかなと半信半疑に思っていた面は以前から課題としてあった。その疑問は行ったことで、確信に変わった。確かにこれは僕のダメな部分だというのがイタリアへ行ってわかった。

しかし自分のサッカーを否定するようなことはなかった。自分のサッカーには自信があるし、まだ何かやるべき仕事があるだろうと考えている。ちょうどワールドカップアジア最終予選の時に、ある一つの壁を乗り越えた時のように。

ワールドカップ予選の時に感じたメンタル面での成長とはまったく違うものだ。あの時はもうただサッカー選手として、その資質を上げたかった。メンタル面ではもうほとんどクリア出来たと思っていた。一度ぎりぎりの場所に立った人にならわかるだろう。カズさんがよく冷静に言う、壁に当たるのはプロとして当たり前のこと、というのはそういうことではないだろうか。

どんな仕事でもそうだろうと思う。続けていれば、自分の頂点というものがなんとなく見えてくる。そこに届くか届かないかの差はあったとしても。ただ、そこに届くための努力をするのがプロだ。タクシーの運転手さんであれば、とことん裏道を探し続けることであったり、電車の運転手さんであれば、ここに止めろというところに何センチ単位で止めることであったり、それがプロ意識だろう。僕はそこまで詰めていきたいという思いが強かった。

僕は自分の「頂」がなんとなく見えてきていた。自分なりの頂点。

自分がどんな立場なのか、自分がこれからどうなっていくのか。仲間とよくそんなことを話したのをおぼえている。二十歳そこそこの頃にはまったくわからなかったこと。それがその歳になって、だんだんわかりはじめてきていた。自分の到達点。将来そこに行けるかどうかの瀬戸際に、僕はいた。

まだ到達出来ない方に傾いていたかもしれない。

頂点というのはもちろん世界的な究極のサッカー選手ということではない。例えば、ボールコントロールというものを十段階で評価して、それが八だったとする。それを一段階ずつ上げていくこと。特に自分が弱いもの、足りないもの、ボディバランスが六だったとする。ボディバランスであったり、フィジカル的なものであったり、それらを二段階、三段階と上げていきたかった。それには練習するしかない。

まだ新しい自分を見つけられると信じていた。

ジュビロのチームメイトが送別会を開いてくれた時、半端じゃない量の酒を飲まされて泥酔した僕に、藤田俊哉が言った。僕がイタリアに行った理由だ。

「一年生になりたかったんだろ?」

その通りだった。


移籍する直前、僕は日本代表として南米選手権に出場しており、その際に用意して持ち帰ってきたスーツケースが、開けられることもなく部屋に置きっぱなしになっていた。僕はそれをそのまま抱えて、イタリアに発《た》った。衣類と日用品、それぐらいあればいい。

よくファンレターに書いてあることがある。中田選手や城《じょう》選手は海外に行く時や帰ってくる時はブランド物を着てびしっと決めているのに、何故僕だけはまるでコンビニにでも行くような気軽なたたずまいなのかと。イタリアへ行ったのだから服ぐらいちゃんと買いなさい、ファッションに気を遣いなさいなんて。

空港から旅立つ時もずいぶんとあっさりしたものだった。別れを惜しむことはなかった。一生の別れではない。仲間たちには、じゃあちょっと行って来るよ、そう言った。

第二章　静岡

1

名波浩。あまり耳慣れないかもしれないが、静岡にはわりと多い名字だ。自分でもこの名前は気に入っている。

　生まれ育ったのは藤枝《ふじえだ》という町で、サッカーの町として名が通っている。当時も今もそうなのだが、一般的な図式としてはサッカー＝静岡＝清水というものがある。藤枝は常に清水に対抗する立場でライバル関係にある。僕はそんな町のそんな流れの中で、小学校から高校に入るまでプレイしてきた。兄たちの影響もあった。

　静岡、その中でもやはり清水、藤枝という町はサッカーに関しては異常だというのをよく耳にする。この国の中で、何故これらの町にサッカーが根付いてしまったのか。その理由を聞いたこともない。ただ、歩きはじめた時から、僕の目の前にサッカーというスポーツがあった。

　他の町に比べて特別な土壌があったというわけではない。芝生の張られたグラウンドや、ゴールの設置された芝の公園はなかった。ただ原っぱがあり、稲刈りを終えた後の田畑、幾つかの公園、そしてそこにボールが転がっていた。まるで湿地帯のような泥のグラウンドでもボールは転がったし、砂漠のような砂のグラウンドでもボールは転がった。砂の公園が一つ、二つ、三つ。それらが僕らにとってのフィールドだ。

ちょうどブラジルの少年たちがストリートでボールを蹴ったように、僕たちには田んぼサッカーというのがあった。田んぼでサッカーをするのは実はとても楽しい。と言っても、それで特殊な能力がつくとかそういったことではないが、それでもイレギュラーが多く、ボールコントロールは困難になる。いわゆる珍プレイというものが多くなる。きっとそこが面白かったのだろう。

あの田んぼサッカーといまの自分のサッカーは密接に繋《つな》がっているのだろうか。今の自分のプレイスタイルがそこに関係しているのかどうかは、わからない。一つ言えるのは、小さな頃から飽きることなくサッカーを続けてこられたのは、そんな様々な場所があったからこそかもしれない。同じ場所で、同じようにボールを蹴っていたのでは飽きてしまったのかもしれない。

生まれた町が好きだった。居心地のいい世界だった。

そして、人がいた。サッカーをしようと誘った時にすぐに人が集まるということがあった。というよりも、おかしな話だが、当時仲間うちで僕の命令には絶対服従だった。僕が呼べば必ずみんなが集まる。ガキ大将だったのだろう。いじめっ子ってやつかもしれない。こいつの言うことを聞かないと何されるかわからない、と思われていたのかもしれない。気が強く、ずる賢かった。味方を見つけることにも長《た》けていた。

四人兄弟。全員男。その中で四男に生まれてくるということを想像してもらえるだろうか。火の粉は必ず自分に来る。小学校一年、二年ぐらいまでは、ちょっとした子供なりのストレスが溜《た》まっていた。それ以降は兄たちも次第に大人になっていき、長男、次男と喧嘩することはまず無くなった。もちろん彼らと共にボールを蹴ったことはあるが、それも近所で蹴り合ったぐらいのこと。同じフィールドに立ったことは一度もない。一つ上の兄と中学の頃に一度あるかないかくらいだろう。教えられたおぼえもない。

父はサッカーのことは何一つ知らない男だった。僕は父の友人であるおじさんに教えてもらった。楽しかったのか楽しくなかったのか、何を教えてもらったのかはまったく記憶にない。ただ、その人にはじめてのスパイクを貰った。四歳の時だった。どんな色のスパイクだったろう。履き心地はどうだったろう。おぼえていない。スパイクを履いてボールを蹴った事実だけがある。気が付くと、おじさんは浩にサッカーを教えたのは俺だと豪語していた。

父は僕にサッカーをさせようとしておじさんを紹介してくれたわけではない。父は、僕ら兄弟全員に対して、好きなように生きろという態度で一貫していた。とにかく自由で開放的な家庭だったと思う。僕を自由に育ててくれたが、父は威厳のある男でもあった。子供の頃は特に意識していたわけではないが、やはり尊敬していたと思う。仕事で家にいることは多くはなかったが、家にいる時間は、団らんを大切にしていた。振り返ってみて、父の話した言葉、父のとってきた姿勢、それらすべてが、いわゆる「親父《おやじ》」であったと思う。僕は父親という存在を受け入れ続けてきたし、今なお父の存在の偉大さみたいなものを、感じる。その思いは膨らみ続けている。そんな父から影響を受けた部分で言えば、例えば金の使い方。細かくは考えず、使う時はぱっと使ってしまう方だ。そして、母はそのすべてを受け入れていた。父を含め、男五人のすべてを受け入れてきた母の偉大さ、というものも、やはりすごいことだと思う。

子供の頃、一人で遊ぶということはまずなかった。常に兄や、友人がいた。兄たちのサッカーに加わることもあったし、よくやった遊びは、スティックを操作してサッカーをするミニチュアのテーブルゲーム。とにかくまわりであれが流行《はや》って、父がそれを買って帰ってきた日から、相当遊んだ。

雨の日になると、仲間たちを家に呼んでそのサッカーゲームで遊んだ。当時「キャプテン翼」が流行っていたから、人形の背中に9と書いて日向小次郎《ひゅうがこじろう》になったつもりになったり、10と書いて翼になったつもりになったり。それで例えば遊んでいる最中に人形の足が折れたりする。そうするとそこにテーピングして、松山くんと呼んだりする。

「キャプテン翼」で好きだったキャラクターは、岬《みさき》くん。主人公の翼と名コンビの、いわゆるアシスト役だ。僕はとにかく「岬命」だった。憧れの存在だった。岬くんと同じプレイをしようとはさすがに思わないが、ガキの頃はとにかく、

「岬すげえ、小学生でここまでやるなんてすげえよ」

なんて感じだった。他のキャラクターだと、たちばな兄弟みたいにゴールポストに駆け上がったりするけど、岬くんや松山くんはどちらかというと現実的なプレイヤーだった。

野球も好きだった。巨人ファンで、とにかく篠塚《しのづか》選手が好きだった。今でこそ松井や高橋も好きだが、当時は王道を歩んでいるような選手は全然興味がなかった。篠塚ひとすじ。誰より上手《うま》いと思った。篠塚選手は二塁打が多かった。左中間、右中間、ライト線、レフト線という感じで、こう抜かすのか！　というところがあった。そして流し打ちが上手い。イチローに似た部分があったと思う。

小学校三年の頃だったろうか、引っ越しをして転校することになりかけ、僕は猛反対した。一つは、仲間たちと別れたくなかったということ。今以上の仲間なんているはずがないと思っていた。他の仲間は欲しくなかった。そしてもう一つは、引っ越し先の小学校はサッカーが弱かったということ。僕のいた小学校は強かった。彼らとはプレイが合うと思っていたし、一緒にやっていてとても楽しかった。そして僕らは勝つことに、快感をおぼえていた。転校してしまったらそれを感じることが出来なくなってしまう。

チーム名は、西益津《にしましづ》。とにかく強かった。リーグ戦で年間に十八試合ほどあった。藤枝市にある小学校が当時十チームで総当たり二回戦の十八試合だ。それを西益津は一度の引き分けがあっただけで、残りは全勝だった。

小学校三年生の時、僕は四年生のチームに入っており、ポジションはセンターフォワードだった。今、柏《かしわ》レイソルにいる渡辺毅《わたなべたけし》。彼が同級生で、一緒にツートップを組んでいた。四年生の時に右ウィングをやったこともある。その時も五年生チームに入り、五年生の時には六年生のチームでサブメンバーだった。その頃には中盤となり、それから先はもうずっと中盤だ。

毅とはまわりからライバル関係と呼ばれていた。とはいっても、彼はその頃から飛び抜けていたが、当時の僕はごく普通の選手だった。毅ははじめて会った時からすごかった。まったくかなわなかった。その才能の前に悔しさはなく、素直に惹きつけられた。

僕が五年生で六年生チームのサブメンバーの頃、彼は六年生の中でもレギュラーで試合に出ていた。10番を付けていた。僕は14番だった。素直にうまいなこいつという気持ちと、追いつきたいという気持ちがすべてだった。勝てる気もまったくしなかった。プレイヤーとしてのタイプが違っていたため、真似をしようという気にもならなかった。彼はとにかくパワーのあるフォワードであり、四十メートルのシュートを何度も決めていた。小学生の時にだ。その頃は僕と体格にしてもそれほど変わらなかったというのに。僕の当時の身長はクラスで後ろから五番目あたりだった。

毅は特別な存在だった。その頃、僕のまわりには常に仲間が集まっており、おかしな話だが派閥のようなものが自然と出来上がっていた。名波派と呼べるようなグループがあったのだが、彼はそこに入ってこなかった。彼だけはどこのグループに入ることもなく、誰とつるむこともなく、常に一匹狼で我が道を歩いていた。もちろん一人でばかりいるわけではなく、誘えば一緒に遊ぶし、敬遠したりされたりといったわけではないが、とにかく彼は縛られることを嫌っていた。「キャプテン翼」でいうところの小次郎のようなタイプだろうか。なおかつ、彼はキャプテンであり、特別な存在だった。僕は彼と違って、グループを作っていた。その中で僕は常にリーダーであった。

しかし当然友達であったし、お互いの家に行ったり、グラウンド以外でもよく遊んだ。彼の兄が高校三年生の時に右のウィングで高校選手権に出場し、一緒にバスに乗って見に行ったことがある。

当時、彼の家に行くと、彼の兄が選手権で国立競技場のピッチに立った際のスパイクが飾ってあった。スパイクはとてもきれいに磨かれてあった。けれども靴底には芝が残っており、緑色をしていた。緑の芝。きれいに磨いてあっても、底だけは洗い流していなかったのだ。

「国立はすげえ」

そのスパイクの緑を見て、そう思った。国立はすげえ。それは今も立つたびに思うことだ。

渡辺毅を含めて、当時の仲間たちとは今も付き合いがあり、電話でもしょっちゅう話している。昔話をするような関係ではなく、現役の友達なのだ。今、静岡で僕のマネージメントをしている杉山豪《すぎやまつよし》も幼稚園のころからの同級生だ。二十年以上の付き合いがある。

永井。大塚。栗田。田山。松本。秋山。菊川。森田。渡辺。そして杉山。

当時のあの仲間たちの名前だ。今でもすらすら言える。学校から三十分以内の距離に住んでいて、いつでも集まれる仲間たち。

彼ら一人一人に特別な思い入れがある。みんな、毎年一度は必ず会う。成長してから出会った友人とはまったく違うものだという意識がある。彼らは特別な存在だ。小・中学校の時の同級生、高校の同級生、大学の同級生と、それぞれ違う思い入れがある。それぞれに特別で、そして種類の違う存在だ。

彼らと顔を合わせると、当時のことを思い出せる。一緒に遊んでいた時間がすぐそこにある。当時から、全部僕が電話をしていた。一人一人に電話をする。手帳なんかなくても、全員の電話番号を覚えていた。だいたい十六人ぐらい集まると、八対八となり、僕の家のすぐ裏にある公園でサッカーをする。思い出はすべてグラウンドの中でボールと共にある。他のことは何も思い出せない。

「世間知らずなサッカー馬鹿」

父によくそう言われる。実際その通りだと思う。今後自分に子供が生まれたとして、サッカーをやらせるだろうか。本人次第だとは思うが、まず練習はきついものだということを言うだろう。子供の頃にきつい思いをするのは構わないと思うが、ただ極めはじめた時の「選択」というものが大事だと思う。そこをたたき込んでやらないと間違った方向に行く気がする。

幼い頃、気が付いた時には左足で蹴っていた。箸を持つのもペンを持つのもすべて右利きなのだが、ボールだけはいつのまにか左足で蹴っていた。どうして左で蹴るようになったのか覚えておらず、父や母に聞いてもわからない。

そして気が付くと、右足が嫌いになっていた。試合でも練習でも心がけていたことは、とにかく右足を使わないということだ。右足は、感覚として許せない。自分の言うことを聞いてくれない。右足は自分ではなかった。左足とは力の加減がまったく異なる。ボールを当てる位置などにしても、左足なら数ヤンチ単位でコントロール出来るのに、右足ではまったく出来ない。どこに当たっているのかわからない時もあるし、空振りしたことまである。左足で空振りすることはイレギュラーでもない限りありえない。右足というのは自分の中で考えには入れていない。それはもう小学生の時からずっとそうだ。

左足に関しては、すべてを自分で把握していると思う。ボールタッチの感覚、体重移動の仕方、左足のことはすべてわかる。

ただ、これは特別なことではなく、選手ならみんなが持っている感覚だと思う。右利きの人は右足に、左利きの人は左足に、自分なりの感覚というものを。

サッカーがはじめから上手かったのか。自分では判断できない。「キャプテン翼」で言うところの、ボールは友達というような感覚はなく、ボールは決して扱いやすいものではなかった。

当時の監督にはよく走らされた。監督に十五年ぶりにぐらいに会った際、そんなに走らせたおぼえはないと言われたが、とにかく走った。試合の五分ほどのハーフタイムなんかにも罰走させられていた。ミーティングも聞かずにグラウンドの周りを走っていた。

ただ、そのころは練習してるという感覚はなかった。好きでやっていることだった。小学校はたいてい二時半、三時に終わり、それから練習がはじまる。三時半から五時までは監督が来ないから鉄棒したり、キーパーやったり、ドッジボールをしたり。そして監督の車が見えたら全員一斉に基本の練習に入る。サイドキックやインステップの練習だ。そしてそこから本格的な練習がはじまる。よく小学生離れしていると言われた非常にハイレベルな練習だった。フォーメーション練習、三対三や五対五で人数を区切った練習、ツータッチゲーム。そういった練習内容はいま思えば、本当にすばらしい。いまの時代ならわかるが、当時としては非常にハイレベルだった。そしてそれを僕らは何とも思わずにこなしていた。中学生になったらそんな練習はまったくしなかったから、それは本当に画期的なことだった。中学は学校の先生が監督だったので、先生が職員会議がある時はキャプテンが練習メニューを決める。そうすると、たいていミニゲームになる。それを思えば、小学校の監督はサッカーの監督として雇われていたため、放課後の二時間ほどの練習は本当に充実していた。家に帰ったら食事もせずに倒れるように眠った。

当時の練習が間違いなく、自分の基礎となっている。技術は教えてもらって上手くなるものだし、ボールタッチの感覚はまた別物だが、やはり基礎というものは徹底的にたたき込まなくてはいけない。

練習はまったく苦ではなかった。人に指図されるのが嫌いな性格であったが、監督に関しては父と息子同然の関係であった。他の仲間も、監督の息子同然だった。監督にとっては仕事の枠を超えた付き合いだったと思う。車で送ってもらったり、飯を食わせてくれたり、本当によくしてもらった。


学校のグラウンドにはナイター照明があった。しかしナイター照明を点《つ》けるには金がかかるため、それが灯《とも》ることはほとんどない。そのため、冬の日没の早い時期になると、真っ暗な中で練習することになる。監督は仕事があるため、五時になるまで練習には来られない。

本格的な練習がはじまるのは五時半から六時になってしまい、もうボールが見えない。

ある時、学校の父兄たちが車で集まってきた。そしてグラウンドの隅に車を並べはじめた。五台、六台、七台と次々に止まる。なんと、車のヘッドライトでグラウンドを照らしてくれたのだ。

僕らは車のエンジンの音が聞こえる中で練習をした。監督も、そして僕らもそんな協力が本当に嬉しかった。だからこそ、僕らはあそこまで強くなれたんだと思う。あそこまで協力されたら上手くなるしかない。仕事が終わってから疲れた体で練習を見てくれる監督の情熱と人望が父兄を呼び寄せてくれたのだ。

試合では僕らはほとんど負けなかった。市内ではほとんど無敵。新聞では常に優勝候補と書かれていた。ところがそれが県大会になると、一回戦で負けてしまっていた。五年生の時も六年生の時もだ。中学に入ってからもそうだった。ようやく優勝出来たのが、中学三年の時の県大会だ。東海一中という今も強豪のチームと当たって勝ち、優勝した。その時はもう優勝候補でも何でもなかったのだから不思議なものだ。

勝つことが好きだった。勝てば試合数が増えるからだ。父や母は試合をほとんど見に来ていたし、勝たなくては次の日曜日はなかったのだ。兄たちも同じチームに所属しており、長男、次男の頃は強かったのだが、三男の頃はまったく勝てない暗黒時代だった。本来西益津というチームは第一回全国大会で優勝しているくらい伝統のあるチームだ。それが県大会にやっと出られる程度のチームになってしまい、やはり責任みたいなものを感じていた。僕らの時代にはチームメイトにも上手い選手が揃い、かなり強くなっていたので父と母も楽しみにしていた。両親が試合を見に来るというのは、照れくささもあり、と同時に独特な感じがある。当時は両親に、また来んのかよなんて口をきいていたが、今思えば父と母を喜ばせたくて戦っていた部分もある。

2

僕は常にサッカーに助けられてきた。

もしサッカーをやっていなければ、僕にこれほどの友達は出来なかっただろう。僕は人に会うのは好きではないし、サッカーをやっていなければ友達の大切さを知らず、友情なんて言葉をおぼえることはなかっただろう。

サッカーをやっていなかった自分というものを考えると怖くなる。きっと、就職してサラリーマンになるということも出来ず、アルバイトで暮らしていたのではないか。

人と接するのは嫌いだ。初対面ならなおさらで、そこで打ち解けるのは難しい。もちろん、そんな自分がいいとは思っていないし、好きではない。直したいとも思うが、直らない。いまさらどうしようもない。サッカーをしている限り、そんな自分を忘れさせてくれ、そして本当の自分がそこにいると思う。間違いなく名波浩という人間を見つけられる。

サッカーがあるから僕は人と付き合うことが出来るのだ。

サッカーというスポーツの特性にそういった要素があるのかもしれない。サッカーには枠というものが非常に少ない。大きな意味で言えば、まず世界中がやっているスポーツであるし、他のスポーツでは世界選抜VS.クラブチームなんて試合はないだろう。人種、言葉を超えた場所で出会える。

よく考えればすごいスポーツだ。

サッカーは意思の疎通ということが重要視される。例えば仲の悪い者同士でもサッカーをすることは出来るだろう。しかし僕はそれを好まない。決していい方向には行かない。今日までプロとしてプレイし続けてきて、そのことを切実に思う。フィールドでの僕は、プレイヤーとしてだけでなく人間として仲間たちと接している。僕にとってサッカーはそういう面を持つ。

友情は僕が最も大切にしていることだ。文句なしの第一位だ。

しかしそう簡単には友達が出来ない。そのことに関してだけは、自分らしくなく、かなり慎重だと思う。人に会うと、まず観察をする。はじめて会った瞬間に、この人となら思い切り突っ込んだ話が出来ると思うことはまずない。ほとんどが言葉を選びながら、ゆっくりと話す。

どんな風に友達になっていくのか。同じにおいのする奴。そんな奴は勝手に集まってくるものだ。子供の時と同じで何も変わっていない。ガキだけが持つ勘、のようなものだろうか。僕はそれを大切にしているし、人からあの人はいい人だと言われても、それだけでは距離を縮めるきっかけにはならない。いい人か悪い人かなんてのは、友達になる瞬間に必要な価値観ではない。においなのだ。

においとして、その人が醸し出しているものがある。それは、気を遣わなくてもいいということや、最低限の敬語レベルとかはもちろん必要だとは思うが、やはりにおいとしか言いようがない。

友達は、やはりサッカー関係が多くを占めているが、たとえば浦和レッズの岡野《おかの》雅行《まさゆき》に知り合いを紹介してもらい、

「この人ぜってえ俺と同じにおいだ！」

と思ったこともある。その人は、おばちゃんだ。すごいおばちゃん。この人は僕と同じにおいだと思って付き合いがはじまり、すでに三、四年経つ。メール交換をしたり、常に友人として繋がっている。いい人かどうかはもう関係がない。付き合いやすく、何でも話せる。

自分と種類の違う人間でも友達になれる場合もある。例えば、セレッソ大阪の森島寛晃《もりしまひろあき》。彼とは性格がまるで違う。

友達というのはお互い悪口が言い合える仲だとよく言うが、僕も相当言う。森島にもグラウンドではきついことも言う。相手の欠点も突っ込みまくる。僕自身も相手から痛いところをつかれると、笑っては聞けないし、気分も悪いが、だんだんと聞けるようになってきた。そこは以前に比べて成長した部分なのかもしれない。高校生ぐらいまでは、他人から否定されるととにかく許せなかった。僕がこれは白だと言った時に誰かが黒だと言っても、最後まで白で通す。いや、それは白だ！　と。頑固なところは父譲りだろう。

父の影響なのだろう。父から教えられたことは一つしかなかった。友達を大事にしろ。

本当にただそれだけだった。

僕が人と会うのが億劫になった一つの要因としてマスコミがある。

かつて心から信頼する、ある人がいた。彼はマスコミ関係の人であったが、この人なら自分の思いを上手く活字にしてくれるだろうという人だった。本当に信頼していたし、この人にならなんでも話せると思っていた。情報交換もしていた。個人的な相談もした。自分のことを理解してくれているだろうと思っていたのだ。

ところが、いつのまにか方向が変わっていった。一度信じた人であったから、しばらくは普通に話すようにはしていたのだが、次第に悪い方向にばかり向かっていった。人間不信に近い気持ちを抱いた。僕は友人として、人間対人間として話すために電話番号を伝えたのだが、その人はどうしても仕事の話が中心となっていく。それが寂しい。

ただ、それだけならまだいいのだ。僕のプレイに対して、あまりにも主観的な感情で評価した記事が書かれてしまった。僕の言葉も変えて載せてしまう。それがワールドカップ予選の頃のことだ。そして僕はもうこの人とは付き合えないと思った。

裏切ってはいけないラインというものがあると思う。その人はそれからもビジネスとして僕の前に現れた。ベネチアに移籍する前にも一度磐田に来てくれたのだが、僕にはもう語る言葉はなかった。一言だけ言った。

「俺はルール違反する人とは一切付き合いません」

悲しかった。その時、その人の目には僕が態度のでかい人間だと映ったのかもしれない。しかし僕には何も言えることがない。それが悲しい。何より辛い。

そんなことが何度か続き、今はもう仲のよい記者というのは数少ない。本音を話すことは本当になくなってしまった。取材のたびに、当たり障りのないことだけを話している。僕はもうあまり話したくない。予選のことを話したのは、数えるほどだっただろう。

3

中学、高校の間、ほとんどがサッカー部員としての毎日が続き、まったくといっていいほど遊んでいない。一般的には遊びまくったり、悪いこともおぼえたりするのだろう。しかし僕はそんなことはどうでもよかった。そんなことよりも僕にはすることがあった。

ある試合に負けて四時間泣き続けたことがある。四時間泣きっぱなしだ。中学二年、県大会の準決勝の時だった。この試合に勝てば、東海大会という愛知、三重、岐阜、静岡の代表が集まる大会に出ることが出来、それは全国大会につながるという試合。

0対1で負けていて、後半終了一分前に僕らのチームがPKを取った。そこでキッカーは誰かということになった。三年生たちは、俺が蹴る俺が蹴ると手を挙げた。その中で、監督は何故だろうか、二年生の僕を指名したのだ。

「名波、おまえがやれ」

僕は蹴る気なんてまったくなかったから、隅の方にいたし、第一僕が取ったPKではなかった。

しかし、監督は僕を指名した。何故僕が蹴るのか。一学年下の僕が何故蹴らなくてはいけないのかと思った。僕が蹴る必然性はない。

僕はそのPKを外してしまった。ボールは枠を越えて飛んで行ってしまった。

僕が外して泣くより、三年生が外して泣く方がよかったじゃないか……。

先輩たちに申し訳なかった。そして泣いた。去年、たまたまその先輩たちと酒の席で一緒になることがあった。あの時のPKの話になった。

「あの時は申し訳なかったです」

と言うと、先輩たちは、

「おまえで勝ってきた試合もあるんだから、たかが一試合ぐらいどうってことない」

と言ってくれた。

あの日、ボールが枠をはずれて外に飛んで行き、四時間泣き続けた時も先輩たちはそう言ってくれていた。おまえらが来年がんばってくれればいい。それで何も問題はないんだよ。先輩たちは四時間そう言い続けてくれた。僕はそう言われれば言われるほど余計に涙が出てきてしょうがなかった。おまえのせいで負けたんだって言われた方が気が楽だったが、先輩たちは本当にいい人たちだった。

僕がいまあの先輩たちの立場に立ったら、おまえのせいで負けたんだよとはっきり言うかもしれない。

「大切なゲームだけど、みんなちゃんとやったんだから、何も問題はないんだ」

心の中でそう思っていても、きっと口に出す言葉は、

「おまえのせいだよ」

となるかもしれない。

そういうふうに言えることは漫画の中の友情の物語ではなく、特殊な信頼関係の上で成り立っているものだ。代表の試合でも森島なんかにはよく言った。彼らは僕に何も言わない。しかし僕はあいつらに言いたいだけ言う。彼らを信じているからだ。

あの日、ＰＫを外したことは自分の中で強烈な出来事だったし、今も忘れられない。先輩たちには今も謝り続けている。

次の年、僕が三年の時、勝ち続け、そして東海大会へ進出を決めた。

4

はじめて海外に行ったのは、一九八七年四月。十五歳の時、ジュニアユースの遠征だ。ワールドジュニアユースの一次リーグだった。

はじめてジュニアユースに選ばれた時は嬉しかった。日本代表のユニフォームに憧れていたからだ。当時のユニフォームはまだ日の丸のユニフォームだった。胸に日の丸があり、その右はじ

には小さくJ．F．Aとかかれていた。シンプルでかっこいいなと思っていた。

八五年のメキシコワールドカップアジア予選で日本代表が最高に盛り上がっていた頃であり、僕もあのユニフォームを着てみたい、そう素直に思った。木村和司《きむらかずし》さん、都並敏史《つなみさとし》さん、原博実《はらひろみ》さん、石神良訓《いしがみよしのり》さん、森下申一《もりしたしんいち》さん。その頃が日本代表選手の名前をおぼえた最初だった。

その時のジュニアユースの遠征先はブルネイだった。はじめての海外で、はじめて海外の選手と試合をした。

初戦の相手は韓国。それ以外の二試合はたいした相手ではなく、11対0、13対0というようなスコアで勝ったのだが、この遠征での中心はやはり韓国戦だった。

当時の監督はジュニアユースの監督歴が長く、何度も韓国と試合をしており、韓国の強さもずるさも身にしみて知っているようだった。日本は韓国には負け続けてきた。だから僕らが韓国に2対2で引き分けた時は感動していた。僕自身は海外の選手と試合が出来ることの楽しさと、何より代表のユニフォームを着られる嬉しさで頭がいっぱいだった。

日の丸のユニフォームを着てはいたが、まだ僕には自分が日本代表として試合をしている実感はなかった。負けても、日本が負けたと考えたりすることはなく、ただ自分の所属するチームが負けたということだけ。もしもこの予選を突破して世界に出れば、おまえたちは日本ではじめての出場者として歴史に残るんだ、そう監督から言われたのだが、当時の僕にはその言葉に何ら実感が持てずにいた。僕の興味は、何よりも日の丸のユニフォームそのものにあった。

日の丸のユニフォームをいかに盗んで帰るか、僕はそこに命を懸けていた。自分自身が代表選手になったというのに、気持ちはただのサッカー小僧だったのだ。基本的にユニフォームというのは試合が終わったら協会に返さなくてはならない。僕はその時7番を付けていた。自分の分であるから、7番はうまく持ち帰れるだろう。問題は、7番以外のユニフォームをいかに持ち帰るかだった。結局見事に三着持ち帰ることに成功した。おそらく今もバレていないはずだ。

はじめてのジュニアユース、はじめての海外遠征、そこで僕に残ったのは三着の日の丸ユニフォームに尽きる。

最終予選はタイで行われた。最終のカタール戦は、タイのジュニアユース代表の試合の前に行われたため、観客が三万人を超えていた。それまでの最高が、中学の全国大会の準決勝で四千人が入っていた程度だったから驚いた。その試合で僕らは無様に1対4で負けた。まったくかなわず、ぼこぼこにされた。こいつら歳ごまかしてるんじゃないかぐらいに思った。

一点は僕がフリーキックから入れた。壁の間に蹴ったら、誰かに当たってコースが変わり、ゴール。普段ならすぐにボールを持ち、戻って再開を急ぐところなのだが、あまりの観客の多さに気持ちが高ぶってそれさえ忘れていた。

ジュニアユースに入ることは目標ではあった。県の選抜などに入ることはあったが、代表として選ばれたのははじめてだった。

選抜されたチームというのは、全国から集まってきてはじめて一緒にプレイする選手も多く、はじめはどうしても手探りになる。それは監督も同じで、様々な選手を様々なポジションで使う。選手も互いによくわかっていない。そういった時、僕はひとりずつを試していく。ジュニアユースの時は同じ中学の永井《ながい》がいたこともあり、彼と二人で組んで、チーム作りに参加していった。

当時のメンバーで、今もJリーグでプレイしているのは、東京ヴェルディの林健太郎《はやしけんたろう》ぐらいだろうか。

そのチームでは、監督におまえはクビだと言われたこともあったし、それほどうまくいった印象はない。

ワールドユースの最終予選はインドネシアのジャカルタで行われた。この頃はブラジルにも韓国にも行っており、海外遠征には慣れていた。そして僕は最高に調子が良かった。チームも調子良く、あの時俊哉さえ調子が良ければ、必ず予選突破してワールドユースの世界大会に行けていたと思う。俊哉は内臓を悪くしてしまい、不調だったのだ。

5

高校を選択する時期が近づいていた。結果的に清水市立商業高校に入ることになったのだが、決定するまでには紆余曲折があった。

僕は静岡学園や東海大一高の誘いを断り、地元の藤枝の高校に入るつもりでいた。藤枝の高校はそれらの高校に比べれば、サッカーが特別に強い高校ではなかった。僕が入ることで、強くするぞという意気込みでいたのだ。ところが、実際にまわりの人間に聞いてみると、中学の時に県選抜だった選手はみな清商に行くらしい。サッカープレイヤーとして考えた時、相当悩んでしまった。そんな時、清商のサッカー部の監督から誘いを受けた。大瀧監督だ。すでに十二月を過ぎており、今さら志望校を変えるような時期ではない。

あれだけの選手が集まれば、清商は強いチームになるだろう。そう思うと、その環境に踏み入れたい欲求が大きくなった。自分が入ってレギュラーになれる保証がない。しかし、出られるか出られないかなんてその時は考えられなかった。ただただ一プレイヤーとして、強く、厳しい環境に身を置きたかった。

藤枝市と清水市はライバル関係にあったため、周囲からの猛反発があった。これまでの恩、義理を捨てて行くのかとまで言われた。裏切り行為という人もいた。僕だけではなく、両親の耳にもそれは入ってきていただろう。しかし、父は周囲の声にまったく振り回されなかった。

「まわりの言うことなど気にせず、おまえの好きなところに行けばいいじゃないか」

と言ってくれたのだ。

僕はその言葉を聞いて思った。絶対に清商で試合に出るんだ。レギュラーになるんだ。最終的にはその思いだけが残った。もう不安はなかった。

そうして清水市立商業高校に入るのだが、僕は入学式に出ていない。入学式が終わってから一週間後、ようやく初登校した。ジュニアユースの遠征があったからだ。

　入学してまず驚いたのが、担任教師が大瀧先生だったことだ。さらに、サッカー部の初日の練習に出てみると、三浦文丈《みうらふみたけ》、藤田俊哉、同級生では山田隆裕《やまだたかひろ》らのそうそうたるメンバーがいる。ショックだった。彼らには絶対かなわないと思った。僕は何をしにここに来てしまったのだろうとまで思った。


　これは清商のいいところだと思うのだが、同じポジション同士で、上の学年の選手と新しく入ってきた下の学年の選手を組ませるシステムになっている。基本的には監督が、おまえとおまえが組んでやれというふうに組み合わせを作っていく。必ず二人一組で行動させる。そうすると、必ず組み合わされた選手から受ける影響が大きくなるのだ。僕には、藤田俊哉だった。偶然といえば偶然。筋書きのようだと言えば筋書きのようだ。

　彼とはそれまでまったく話したことがなかった。僕は緊張しながらも、

「なんだこのチビ」

　ぐらいに思っていた。

　ところがその印象はすぐに変わる。プレイを見た瞬間、彼が頭一つ抜き出ていることを実感したのだ。それは、それぞれのタイプこそ異なるが、小学生の頃、渡辺毅に出会って感じたものと同種のものだった。それから一年間を通して共にプレイをし、僕は思った。

「こいつに付いていこう。これから先僕がどんなに上手くなろうと、彼よりも上手くなることなどないだろう」

それは今でも思っていることだ。そして、プレイスタイルが合う。藤田俊哉と出会って、僕はそう感じた。彼に付いていけば間違いはないと思ったのだ。彼と出会ったことで、僕はその時、人生の道が一本ぱあっと霧が晴れるように開けたと感じた。まさかその後プロになるところまでは見えていなかったが、少なくとも高校生活の彼がいる二年間は一緒にやれるのだ、そう考えると、やはり道は見えた。本当に大きな出会いだった。

しかしそんなことは彼には一度も話さなかった。今でこそ、雑誌でそんなことを口にすることがある。すると、それを聞きつけた彼は僕のところにやって来て、

「おまえ、調子に乗るなよ」

なんて言い方をする。不思議と付かず離れずで、いい関係になっている。

僕が入学してまだ試合に出ていない頃、二年生の俊哉は既にレギュラーだった。彼は一年の時からレギュラーだったのだ。二対二で勝負するという練習があった。僕は俊哉と組むことで、レギュラーチームのディフェンス二人から完全に勝つことが出来た。言ってしまえば、「キャプテン翼」の翼くんと岬くんの再現だろうか。

僕らは私生活でも常に行動を一緒にするようになった。彼の家は駄菓子屋だった。いや、駄菓子屋と言うと彼は怒って、お菓子屋と言えと言うのでお菓子屋ということにしておくが、よく家

に遊びに行ってただでお菓子を食べたりした。グラウンドを離れ、サッカー以外の話もよくした。遠征して同部屋になり、花札をやったりバカなことをよくしていた。しかしプレイのことはよくおぼえていても、そうやって話していたことはあまりおぼえていない。だが、あいつが花札がかなり強かったことはおぼえている。

つくづく嬉しいことだと思う。普通はなかなかそんな風にプレイも気も合う選手とは出会えないと思う。しかもその選手が高校を卒業して、それから十年経ってもまだ一緒にプレイしていられる。こんなことはそうそうない。どこを見渡してもない。思えば、どちらかが欠けていれば、もう一方もいなかったかもしれない。

例えば僕という選手が十一人いればそれでいいチームが作れるというわけでは、当然ない。様々なタイプの選手が噛み合っていくことでチームは出来る。そういった意味で、僕のスタイルと俊哉のスタイルは大きく異なる。彼をすごいと思ったのはやはり、あんな体格でしかないというのに、ゴール前にするすると入っていき、ゴールを決めるところだ。

何より彼は自身のプレイエリアにおいて、まったくミスをしない。それは今も変わらず、外国人選手もそれを認めていたし、自分でも誇っている部分であると思う。僕の場合は昔から後ろからさばいてサポートしていくタイプだ。そこのところがぴったり当てはまるという意味で最高のパートナーだと思う。

おそらく外から見て僕も俊哉も親分肌であり、リーダータイプなのだろう。だから同じ場を作るというよりも、将棋で言うところの飛車角のようなものなのだと思う。違う道を歩き、違う動き方をするが、最後は何故か同じ場所にいる。そこまでの出会いはそれまでになかった。僕がイメージするサッカーには俊哉が必要だし、俊哉もそう思っているはずだと思う。だからこそ僕はジュビロに行ったのだ。

俊哉が三年、僕が二年の時、一年に望月重良《もちづきしげよし》が入ってきた。重良がさらに下がって、僕ら二人のサポートをする役目だった。僕らもそう思っていたし、監督からもそう言われた。

清水商業時代に印象に残っている試合は挙げきれないほど本当にたくさんある。俊哉がいたときで言うと、ベストゲームは、対清水東高戦。インターハイの県予選の決勝。前半に先制され、そして追いつき、1対1のまま延長に入り、それでも決着が付かず、再延長となった。そして再延長の直後に俊哉がゴールを決めた。当時はVゴールはなかったから、その後も普通に再延長の前後半をやっての、勝利。あの時のことはすごく印象に残っている。

僕が頭でイメージしていたプレイは、俊哉と共にその頃から既に出来ていた。監督のビデオ室に俊哉と共に呼ばれ、聞かれたことがある。

「おまえら一体どういう心理状態でプレイしているんだ？　一体どういう考えを持ってプレイしているんだ？」

監督は探究心が強い人だから、僕ら生徒からまで学ぼうとしてくれる。

「おまえらから教わることが多すぎて俺はもう頭がぐちゃぐちゃだよ」

とまで言われた。

それはもう僕らにも自覚があった。

「今の俺たちにかなう二人はいないだろう」

と。僕は自負していたところがあって、

「俊哉は僕がいるからこそなんだ」

とよく言っていた。しかし実際は俊哉にコントロールされていたんだろうとは思う。俺はこう動くからこういう風にしろっていうことをプレイで言われ、そして僕は言われるままプレイしていた様な気がする。

僕自身は、二年生の春先、練習は別として試合になると調子がよくない時があった。県選抜の選考会に行った時も、もう落ちるものだと思っていた。来年三年生になったら絶対に入れるだろうから構わないと思っていたら、選考会で選ばれた。その時に、まわりも認めてくれたのだという実感が湧いた。

当然のことだが俊哉は先に卒業していった。しかし卒業したからといって俊哉とは二度と組めないわけではなかった。だから寂しくはなかったが、中盤を仕切るのが僕一人になってしまい、何か物足りないという日々が続いた。一枚足りないのだ。そして、重良がポジションを上げることになった。完全にボランチだった位置から、一つ上がって、僕と並んでプレイするようになった。僕と俊哉の関係は縦に並んでいたのだが、望月重良とは横に並んだ。

その後、俊哉と組むチャンスは何度かあった。大学選抜でも僕も彼も選ばれており、二回チャンスはあったのだが、同じチームにはしてもらえなかった。関東Aと関東Bというふうに分かれてしまい、面白くはならなかった。内心では僕らを組ませればいいと思っていたのだが、タイミングとしても僕がユニバーシアード代表の時は俊哉がオリンピック代表でいなかったり、僕が怪我《けが》で辞退したり。三年の時は俊哉もキャプテンでチャンスはあったが、僕の方が監督との間にずれが生じてしまった。

結局グラウンドでの再会はジュビロ入団まで持ち越しとなる。

高校入学と同時に、僕は家を離れ、一人で暮らしはじめた。正確には他の部員と共に二人暮らしだ。六畳間が二つあり、一人一部屋で、２ＤＫ。玄関を出ればすぐに監督の家がある。監督の家で朝飯を食べ、朝練をして学校に行き、授業が終わったら三時半から七時まで練習。昼飯は先生が弁当をとってくれて一緒に食べる。夜の食事はよく合宿をする旅館があり、そこでとり、風呂にも入り、家に帰る。毎日がその繰り返しだった。

遊びたいという気持ちは少し出てきたが、休みは本当に少なかった。三ヶ月に一回あればいいほう。時々選手権やインターハイに出ると、次の日から三日間休みがもらえる程度。だから逆に、急に休みをもらっても困る。何もすることがない。友達の家に泊まって、何をするわけでもなく過ごす。町に出ても、みんながよくやるようなナンパをしたりもしない。そんな勇気は僕にはなかった。彼女とも、公園を散歩したり、学校から一緒に帰ったりするだけだ。
一般的な高校生活ではないかもしれないが、僕は満足していた。

6

清商の時もそうだったが、順天堂大学志望を決めたのも遅かった。推薦枠がとっくに決まった頃に入ることを決めたため、清商の時と同じ一般入試だった。合格していなかったら実業団に入ってサッカーをしていただろう。
そうして僕は順天堂大学何十年かの歴史で、一般入試で入学してキャプテンになった初の選手となった。

大学でもやはり色気のない、遊びに行くことなどないまま四年間を過ごした。第一、大学のある場所が成田空港の近くで、周囲に遊ぶようなところが皆無だった。清水なんかよりはるかに辺境。駅を出ると学校が見えはするのだが、歩いても歩いてもたどり着かない。その分、施設の充実度はすごい。ラグビー場、サッカー場、野球場、そしてもちろん陸上トラック。順天堂の売り物だけに、陸上の施設はさらにすごかった。体育館もバスケ館、バレー館とあり、相当大きい。都市部から離れているだけあって、施設は大きかった。

大学で日《ひ》比威《びたけし》に出会った。今、僕のマネージャーをしてくれていて、イタリアでも生活を共にしていた男だ。彼は帝京高校のサッカー部のスターで、高校選手権でも優勝していたから、入学してきた時点で有名人だった。あの四日市中央工業高校との同時優勝時のメンバーだ。ヨーロッパ遠征にも行っていたから、他とは別格として見られていた。僕はこの男とすぐに仲良くなった。同じにおいを感じたのだろう。

もう長い付き合いになる。僕は一度友達になると長く続く。

この時期、バルセロナ五輪に向けての五輪代表となった。

ところがこの時のユニフォームが本当にダサかった。赤いユニフォームで、胸には丸いワッペンのカラス。また、出場機会も少なく、バルセロナ五輪予選に関する思い出はあまりない。

当時の監督であった横山さんとの間にずれがあり、出番が少なかった。僕が選ばれたのは二次予選からだ。一次予選までは別の監督で、その方が結成当初からずっと作り上げてきたチームだった。その後、横山監督が代表監督となると共に五輪代表においても監督をすることとなり、僕もその頃チームに入った。

一試合目はベンチにも入らず、二試合目はベンチに入ったものの試合には出ていない。三試合目はラスト十八分、四試合目はラスト二十五分、五試合目でラスト三十五分。徐々に出場時間は延びてきたが、結局一勝三敗一分け。予選は突破出来なかった。

ただ、チームを結成当初から作り上げてきた元の監督が号泣しているのを見た時、僕の中で申し訳ないという思いが募った。清水エスパルスの澤登正朗《さわのぼりまさあき》さんも泣いていた。ノボリさんは僕よりも三つ年上で、同部屋だった。憧れの存在であったから、同部屋の時は思い出話を聞かせてもらった。ノボリさんが高校選手権に出ている頃、僕はまだ中学生だった。当時ノボリさんの出身校である東海大一高の手袋は、黄色と黒のアシックスで流行っていた。僕がその手袋を遠く清水市まで買いに行ったのだと言うと、ノボリさんは喜んでくれた。

ノボリさんのプレイスタイルは大好きだった。このときはじめて一緒にプレイしたのだが、本当に上手い人だなと思った。

監督とのささいなずれから試合には出られなかったが、当然僕が出ていればという思いは常にあった。

東南アジアのほとんどの国と戦ったが、やはり世間で言われている通り、韓国の壁というものがあった。ジュニアユースの時からそうだった。韓国に2対2で勝てなかった。ユースの時は、終了一分前に得点されて0対1で負けた。五輪予選の時もまた、終了近くに得点されて0対1で負けた。

だから僕は後のワールドカップ予選の際にも、韓国の壁というものを強く意識して、強い気持ちを持って臨んだ。

今の若い選手がみんな韓国を乗り越えて世界に向かっていることをうらやましく思う。

彼らのようなジュニアユースの頃から韓国を乗り越えてきた選手たちは、韓国をごく普通の対戦相手として見ている。しっかりと実績として残しているのだ。

しかし当時の自分たちにとって韓国の壁は厚かった。決して上手くはない。上手くはないのだが、勝負強い。ドイツ代表を見ていて感じるゲルマン魂のようなものだ。彼らはコリアン魂を発揮していた。激しさと速さがある。

バルセロナ五輪予選の時には、ワールドカップ予選の時にもいたソ・ジョンウォンがいた。彼はすごいなと思った。ノ・ジュンユンもいたが、その時驚いたのはやはり、ソ・ジョンウォンの方だ。

ただ何より負けていたのは、名前だったと思う。名前負けだ。上はノボリさんから一番下の僕まで常に負け続けてきているから、どうしても韓国コンプレックスみたいなものがあったのだ。サッカーにおいて、名前というものは本当に大きい。読売が日産に、スペインがイタリアにずっと勝てなかったことと同じように。

その後、ヒデたちの世代はワールドユースの大会に出場した。彼らがアジアの壁を平気で乗り越えていくようになった時、僕らの世代との間にギャップがあっただろう。僕らが突破出来なかった予選にヒデたちが出ていることで、こいつらはすごい、無条件にそう思えた。何を言っても許されると思う。ここ一番という時に力を出せるかどうかというのはやはり経験が最も大きく占めるのだ。だから僕らにはヒデたちに対する、少なくはない羨望の思いがあった。僕らがワールドカップに出場するまでは。

最近はもう韓国と試合をしても相性が悪いと感じない。僕の対戦成績である二勝二敗三分けは悪い数字ではない。

7

子供の頃からプロになりたかった。

その時はもちろん日本にプロリーグなどはなかったが、関係なかった。プロのサッカー選手になるんだ、サッカーで飯を食うんだと、将来の夢として漠然と思っていた。

幼い頃、ジュビロの前身のヤマハ、あるいはホンダなどで行われるサッカー教室に参加することがあった。当時の日本リーグの選手たちが講師としてプレイするのを見て、この人たちはプロなんだと思っていた。実際は、彼らは社会人プレイヤーであり、午前中に本来の会社の仕事をしていたのだが、僕はこの人たちのようなプロになるんだと思っていた。日本リーグが続いていたらきっとそのまま日本リーグに入っていたと思う。

Ｊリーグ設立二年目、ジュビロ磐田がＪＦＬから昇格した年、僕はジュビロに入団した。

幾つかのオファーをいただいた中から自分自身で候補を絞り、試合を見、施設や環境面を確認した。チームメイトになりそうなメンバー、そして自分が試合に出られるのかを考え、比較した上で、ジュビロに決めた。

将来的なビジョンを思えば、五年もすれば新人の選手たちが活躍しそうに見えた。またチームの目標として、Jリーグを勝ち、アジアを制し、世界的にもチーム名を出していきたいということを言っていた。その頃から、五年後には日本人だけで絶対勝てるチームを作ると聞かされていた。実際、五年後日本人だけで優勝出来たわけで、そういったビジョンがしっかりしていたのが入団を決めた要因の一つだと思う。

もちろん地元ということもある。とは言っても、泥くさい地元意識みたいなものはない。静岡は、東部、中部、西部と三ブロックに分かれている。子供の頃からサッカーの盛んな中部にいたから、そういった東部や西部のサッカー熱は伝わってこない。東部や西部はどちらかと言えば野球の方が盛んだったかもしれない。だから磐田と言われてもピンとは来なかったのだ。母親が体が弱いということもあり、関東や関西のチームでは毎試合見に来るのはきついだろうということが頭にあった。

今でこそジュビロは技巧派集団というか、技術先行型チームようなイメージがあるが、僕が入った当時のレギュラーはむしろ精神面で強い人たちが多く、組織重視のチームだった。後から入ってきた若くて上手い選手たちはそういった面を学んでいた。だからバランスのすごくいいチームが結果的に出来上がったのだと思う。

当時のジュビロは相手の動きに合わせたリアクションサッカーをしていた。自分たちから仕掛けようという意見は僕も含めて言っていたが、基本的には悪いサッカーではなかったし、納得出来、ひどく反発した選手はいなかった。

すぐに出場出来るとは思っていなかった。最初の一年は出られないだろう、少なくとも半年は我慢しようと思っていた。まだ大学に在籍中の一月の終わり頃、はじめてジュビロのオーストラリアキャンプに参加した。実践的な練習を経験し、やはりプロと学生はまったく違うものだとわかり、これに慣れるには時間が必要だと実感した。かなわないと思ったのではない。ボールのスピード、あるいはフィジカル面。そして、プロ意識。どこかにまだアマチュア意識が残っており、まずはそれを捨てなくてはいけないと思った。慣れることが先決だ。慣れさえすればいけると思った。スタイルの違いをまったく感じなかったからだ。

イタリアに移籍するまで、ジュビロには四年半いたことになる。当然特別な思い入れがある。チームは三年目ぐらいまでやはり外国人プレイヤーが中心になっていた。僕や、今の中心である日本人プレイヤーがジュビロのサッカーを一から十まで作ったわけではない。はじめは外国人頼みなところがあり、みんなが彼らから吸収した。何度も対立したことがあったが、彼ら外国人がいいものを残してくれたことが、ジュビロをいい方向に導いてくれたのだ。中山さんにはスキラッチがいて、俊哉にはファネンブルグがいた。そして、ドゥンガ。ドゥンガに関しては人間性がどうこうより、サッカープレイヤーとして尊敬している。

ドゥンガと僕とはプライベートではお互いに合わなかった部分がある。それは彼も思っていることだろう。プライベートでは少なからずクセのある男だった。アジウソンは育ちのいい男で、おとなしい男だったが、ドゥンガはブラジルによくいるハングリーにはい上がってきたタイプだ。彼に対して腹の立つこともあったかもしれない。しかしドゥンガほどの選手が言うことは素直に聞くしかなかった。とにかく彼は相手がへこむまでとことん怒鳴り続ける。ハーフタイムでも控え室で怒鳴りまくる。しかしドゥンガがサッカーに関して言うことには誰も文句はなかった。あれほどの選手にサッカーのことで文句を言える奴はいない。僕自身も、ああ、いいこと言ってるなあと思うことがあった。

僕自身はチームメイトに向かって怒鳴ったりするようなことはまずない。ああしようこうしようという言い方はするが、ドゥンガのように怒鳴ったりはしない。まず滅多に怒ることもない。プレイ中にキレるようなことがあったのは高校三年ぐらいまでではないだろうか。怒るとしたら、自分のプレイに対してだ。修正すべき点に関してはもちろん言う。練習などで何度も何度も言う。例えば中山さんの動きが違う時には何回も言う。ただジュビロではあまり言うべき人はいなかった。またそういった役目はチームの核である俊哉や服部年宏《はっとりとしひろ》あたりがしていた。

僕から見て、一緒にプレイしていて許せないのは技術的なことではなく、やるべきことをやらない選手だ。良い選手と悪い選手の差というのは、例えばディフェンスであれば、あと一歩踏み出してスライディングすればとか、その後三歩追いかけてとか、その差だろう。それらを怠る選手は悪い選手なのだと思う。それが出来るのにやらない選手が問題なのであって、技術の問題ではない。ただ僕がプレイしていたチームではみんなそういったことはクリアしていた。

入団して四年目、ジュビロは最高のチームとなった。あの年のジュビロのような、あんな融合はもうないかもしれない。自分たちでも、特にジュビロの中盤は日本一だと思って疑わなかった。完璧だと思える試合が、何度となくあった。

あの年は、中山さんが四試合連続ハットトリックをしたことでみんなの記憶に残っている。中山さんが四試合連続でハットトリックし、セレッソに勝った試合での五得点はすべてがスーパーゴールだった。おそらくもう一度やってくれよと言われても絶対出来ないシュートばかりだ。

ジュビロのチームメイトには特別な仲間意識がある。本当に良いチームに恵まれたと思うし、普段から本当に仲が良かった。グラウンドから出れば、仲良しグループといった感じさえあった。いいチームを作るには、グラウンドから離れた場所でも時間を共有するのが大事だと思う。遊んだりすることもそうだろうが、ただ単に練習が終わった後に食事に行ったりすること。そんな時に男ばかり五人六人と集まって、話すことなどない。どうしてもサッカーの話になる。夏であれば、もう毎日生ビール。飲みながら、今勝ち点はこういう感じで次節の相手はここだからこうなるなとか、試合の次の日などは、おまえのあの時のあのプレイはこうだったとか、あれが良かったよなんて言いながら、互いのプレイについて細かく話し合う。遊びの話や家族の話をしていても、結局最後にはサッカーの話になってしまう。試合に出ていない選手がいれば、食事に誘う。愚痴っぽく移籍しようかななんて言い出すと、みんなして、もっと頑張れよとか、おまえのああいうところは誰も持っていないから必ず出番があるさなんて慰める。みんながその選手を失いたくないと思っている。彼は僕らにとっての大切な武器で、会社がどう思っているのかは別として、彼は僕らにとって必要なのだ。おまえにはこれが出来るあれが出来るんだと話す。それは僕だけではなく、みんなが同じ気持ちでいる。戦力としてもそうだが、友達としての気持ちから言っていることもある。

例えば都会にあるチームと磐田では違う。それぞれに遊びに行くところなどあまりない。鹿島や磐田には遊ぶところが本当にない。居酒屋に集まる程度だ。そういった面は必ずチーム力に影響すると思う。

和のあるチームが強い。家族になっているチームが絶対に強いのだ。

今でこそずいぶんと減ってしまったが、Ｊリーグには多くの世界的なプレイヤーがいた。ジュビロに来た外国人選手たちはみな複数で来たり、監督が連れてくることが多いため、割とすんなりとチームに入っていた。ドゥンガがいた時は彼はイタリア語、ドイツ語、ポルトガル語が話せて対応できたから、他の選手も孤立することはなかったのではないか。

他のチームではレオナルド、ジョルジーニョ、ストイコビッチ、この三人はすばらしい、別格だと思った。

レオナルドはとにかく止めようがなかった。ジュビロスタジアムでの試合で、アントラーズに退場者が出て、十一対十になったことがあった。結果的にはその試合は2対2から最終的にPKで勝ったのだが、レオナルドは止められなかった。こちらの方が人数が多く、三人で囲んだのだが、それでもかわされたのが記憶に残っている。本当に上手い。

ジョルジーニョは頭がいい。彼は基本的に右サイドバックが専門の選手だ。にもかかわらず、アントラーズではボランチのポジションですごいプレイをしていた。僕がボランチに入るならこうありたいと思っていた。ドゥンガの場合は動き回ることがない。動かなくても、自然と自分にボールが集まってくるタイプ。逆にジョルジーニョは動いて動いて動き回るという印象。ドゥンガのプレイはドゥンガのプレイで僕は好きだが、自分が目指すなら、ジョルジーニョタイプだと思った。アントラーズと試合をしてジョルジーニョがボランチにいた時、僕も敏哉も何も出来なかったということしかおぼえていない。そして僕らが何も出来なかったというのに、あのドゥンガが何も文句を言わなかった。ドゥンガはジョルジーニョのすごさを知っていたのだ。

僕がジュビロに入った年、グランパスは天皇杯で優勝し、ストイコビッチはJリーグのMVPを取った。当時は同一チームと年間四試合当たっていたので、グランパスと四度戦った。

「すげえ、こいつすげえ」

素直にそう思った。四回対戦してその間三人のマーカーが付いたが、結局、誰一人、彼を止めることが出来なかった。ジュビロのディフェンスが代わる代わる向かって行ったが、一人やられ、二人やられ、三人やられ、シーズンが終わるまで誰も太刀打ちできなかった。次のシーズンこそ、鈴木《すずき》秀人《ひでと》が成長し、かなり対処出来たのだが、この年に限っては、いわゆるチンチンにされた感じだ。

まずボールのもらい方が上手い。ちょっと離れていたら、向かって来られても取られないという自信がある。だからこっちはべったりと張り付いてマークするのだが、それでもちょっと外してボールを取る。彼は間違いなく天才と呼ばれる選手だ。

彼らの場合は、そのまま日本と世界の差とは言わないと思う。世界においても特別な選手たちだ。ただ今は、日本でも貰い方の上手い選手は増えてきた。小野《おの》伸二《しんじ》あたりは本当に上手い。ヒデや前園真聖《まえぞのまさきよ》はディフェンスにべたっと付かれても行けるタイプ。それに比べて、伸二はするっとかわしていく。貰い方が上手い。そういった伸二をはじめとする選手たちが出てきたことからも、間違いなく日本のレベルは上がっている。

世界に並んだとは言わない。そこまでは行かないし、行ったと思ってはいけない。並んだとしてもそんな錯覚をしてはいけない。

第三章　ベネチアの光と影

1

一九九九年七月十五日ベネチア到着。その夜、会長に会い、食事をした。プレイ面で特にこういうことをしてくれといった話もなく、挨拶程度のものだ。翌朝、監督に会い、食事をした。やはり具体的なプレイの話もなく、一年間頑張ろうというところで食事を終えた。何事もない、ごく普通の会話だった。ただ一つ違う点があった。彼は僕を気に入って呼んでくれた監督とは、まったく別の人だったのだ。

ベネチアに到着した日が僕が契約した日であり、はじめてベネチアというチームをこの目で見た日だった。契約以前にベネチアに視察に行ったことはなかった。事前に練習に参加するということもなかった。チームに合流するまで監督と話す機会もなかった。事前情報というと、来年はこういう風にするつもりだという構想をゼネラルマネージャーから聞いていたことぐらいだろうか。

ノベリーノという監督が僕のことを気に入ってくれているらしい。それもゼネラルマネージャーの口から聞いていた。ベネチアには二列目の左サイドに選手がいなくて、僕が加わるのを待っているとのことだった。

ところが行ってみると、話は違っていた。ゼネラルマネージャーの言っていたことと現場の監督の考えにはずれがあった。元々僕を欲しいと言ってくれていたのは前シーズンの監督であるノベリーノだった。彼は前年にベネチアをセリエAに残留させたのだが、僕が行った時には解雇されていた。ベネチアで僕を迎えたのは、前年にサンプドリアをセリエBに落とした監督だったのだ。

「誰だそいつは？」

という感じだった。僕は何も知らされていなかった。

新監督の名前はスパレッティといった。スキンヘッドで、第一印象は、うわ、こいつこええといった感じであった。怒鳴ることもよくあったが、実際にはまったく怖い男ではない。ただ、厳しい監督ではあった。

自分自身の目でチームを確認せずに移籍を決めたことは、確かに不安ではあった。自分のポジションがあるのだろうか。それも気にはなった。日本の新聞には、一定数出場出来る契約をしているなどと書かれてあったが、そんなことはないし、そんな契約はありえない。

僕は自分のプレイスタイルがベネチアのそれに合うのかどうか、わからずにいた。

のちに知人から、

「どうしてその時もっと情報収集をしてから行かなかったのか」

と言われた。しかし、監督が替わることなどこの世界では予測出来ないことだ。メンバーも常に替わる。外人枠にしてもはじめは空いていたが、そんなものもいつ埋まるかわからない状況だ。何がどう変わるのかは誰にもわからない。

僕は、わからないということをわかった上で行ったのだ。すべての状況は常に変わる可能性を持っている。それは受け止めるべきだと思う。

ベネチアは名前の通りベネチアという町にあり、この町に他にプロチームはない。

入団の記者会見でサポーターが暴れるというちょっとした騒ぎがあった。それは僕のこととは関係なく、ユニフォームのことだった。前年は黒が主体の、オレンジと緑色のものだったのが、その年は緑を主として、オレンジは衿だけになっていた。ベネチアのカラーはオレンジのため、サポーターはオレンジが少なすぎるといって怒っていたようだ。

僕のユニフォームの背中には、7番が入った。ジュビロで付けていた番号だったが、特に僕が希望したわけではない。おそらく代理人が気を利かせてくれたのだろう。

僕の移籍は、やはりアジアから来たこともあり珍しかったらしく、好意的に受け入れられていた。現地のマスコミは、新しく加入したということで新鮮な目で見てくれ、注目してくれた。テクニックがあるファンタジスタだという紹介がされており、サポーターからもそういったプレイを期待されていたようだ。インテルミラノで活躍したウルグアイ代表のレコバが前シーズンまではベネチアに所属していた。同じ左利きで攻撃的な中盤ということから、多少は比較された。日本でフリーキックを蹴っていたことも人々は知っていた。その面で言えば、レコバの代わりに来た選手として見られていた面もあったのだろう。僕自身はそんなことは気にしていなかったし、月並みだが、まずプレイスタイルが違うと思っていた。ただ、練習試合でテクニカルなプレイをすると、やはりサポーターも特に喜んでくれた。ある意味僕らしさが伝わっており、好意的にも受け入れられ、日本人が何をしにきたんだという雰囲気もなく自然と溶け込めた。

ベネチアというチームは決して人気の高い方ではない。選手は基本的にスター扱いされているが、町自体に年寄りが多く、観光地でもあることから、それほど盛り上がってはいない。もちろん他の町に行けば、全国的に人気のある、日本で言うところのジャイアンツのようなチームもあり、浦和レッズのような我が町のチーム的な熱狂的なところもある。ただ、ベネチアに関してはサポーターは多くはなかった。クラブ自体が、セリエA、B、Cの間を常に行ったり来たりしているせいもあるだろう。とは言っても基本的にサッカーが人気のある国だから、そのまま日本と照らし合わせれば、はるかに盛り上がっていると思う。基本的なサッカー熱ははるかにイタリアの方が強い。

すでに現地での家は見つかっていたが、まだ入居は出来ず、ホテルで三日間を過ごしながら、到着翌日十六日にはすでにチームメイトと合流し、練習を開始した。

クラブハウスとスタジアムはよく言えば伝統的な建物で、悪く言えば、小さく古いものだった。

ジュビロの施設には遠く及ばないだろう。こと施設面に関しては、日本の方が良いのではないだろうか。

日本であれば、選手が新しく加入した場合、グラウンドにでも集合して紹介の場があったりするのだが、ベネチアではそれがまったくなかった。他の選手たちと挨拶さえしないまま、なにげなく練習がはじまったのだ。まず、四つ五つのグループに分かれ、体力測定が行われる。その日は体力測定だけで終わり、翌日は軽いボール回しを含めた練習が行われた。本格的な練習はキャンプに入ってからだ。体力測定に関しては、僕が最も体力が上だったのではないだろうか。それは僕がJリーグのシーズンから直接入ったのに比べ、他の選手たちは一ヶ月以上休んでいたからだ。

そして十八日、キャンプに突入した。ベネチアよりおよそ三百キロ離れたモエナという町にバスで行き、そこでキャンプは三週間続いた。

練習のはじまるまでがとにかく長く感じた。グラウンドに八時半に行き、練習開始が九時半過ぎ。治療をする選手、テープ固めをする選手がいるためなのだが、僕は治療もしないし、テープも巻かないから、それが長く感じる。練習場に着くといつも一時間くらいはグラウンドでぼんやりとしていた。

午前中の練習は九時半から十二時半まで続く。だらだらと長い印象だ。日本の午前練習は一時間半くらいだから、野球のような感じだろうか。手を抜きながらやる選手もいれば、真剣に取り組む選手もいて、人それぞれだ。メニューそのものは日本と何ら変わりない。サーキット系の練習はかなりきついが、それは日本でも同じことだ。時間が長いのは飽きるが、三週間毎日メニューが変わった。基本的には午前中にランニング系があり、二日に一度は筋トレとなる。午後は戦術、技術練習。ゲーム形式の練習も行われる。僕ははじめから二列目のポジションに入った。

当初は選手の顔も名前もなかなかおぼえられなかった。ビリカ、イアキーニ、ペドーネの三人あたりが向こうからよく話しかけてくれ、仲良くなった。彼らが話すのは、ブラジル人のビリカも含めてやはりイタリア語だ。キャンプ中の三週間というのは、練習内容などよりも言葉の面で本当に苦しかった。練習を終えると、あとはずっと部屋にこもり、イタリア語の参考書を読んでいた。

キャンプ中はみんな寝るのが早い。同部屋の選手も、十一時前には眠りについた。朝八時には起こされて、朝食をとり、八時半に出発する。規則正しい生活だ。

イタリア移籍するにあたって最も不安だったことは、やはり言葉だった。あの時は二十七年間生きてきて、最も勉強したと思う。本当は出発以前から勉強しておきたかったのだが、準備する時間がまったくなかった。移籍が決まって、気が付いたら飛行機に乗って飛んでいたのだ。性格的に、なんとかなるだろうと思っていたのだろう。

ごく普通の書店で手に入るようなイタリア語の参考書を買った。それをたよりに、三週間のキャンプの間中、勉強していた。当初通訳もいたことはいたのだが、監督はそれを嫌がった。練習中にフォーメーションのミーティングを行ったりする際、日本であれば外国人選手にはすぐに通訳が来るのだが、監督はそれを排除した。だから必死になって勉強した。

問題が一つあった。僕が持っている参考書にはどれもサッカー用語が載っていなかったのだ。はじめはとにかく何を言っているのかさっぱりわからなかった。

しかしそこで戸惑っているわけにもいかない。片言でも構わないから、話すしかない。練習の中でも、まずは英語の話せる選手を見つけ、片言の英語で話しかけた。一度話しかければ、向こうはノリがよく、アジアから来た選手が珍しいこともあって、何とかコミュニケーションが取れた。そうしながらも、まずは単語の一つ一つをおぼえていった。話の内容もそれこそ、ワタシ、パスタ、タベマシタのような感じだ。

しかし何よりグラウンドの中でコミュニケーションをとることが必要だった。選手はフリーになっている、ということはイタリア語でどういうのか。横に広がれ、サイドに広がれとはどういうのか。右、左、前、後ろ、そんなレベルからの勉強だった。

一つ一つ聞きながら、何回か練習するうちに自然とおぼえていった。言葉をおぼえなくてはサッカーが出来なかった。そしてチームメイトの名前をおぼえること。はじめのうちは名前を間違えることなどしょっちゅうだった。名前と言っても、主にニックネームだ。フルネームで言えと言われても、今でも言えないと思う。

三週間のキャンプの間にかなりのストレスが溜まっていった。日本でのリーグ戦を終えて、リフレッシュ期間もないままに入ったため、体が疲れ切っていた。そして選手の名前すら知らないチームに入るのははじめての経験だった。それはやはり負担となり、のし掛かってきた。

例えば練習がはじまると、グラウンド上にただボールが二つ置いてある。それだけでは、その中でどう動けばいいのかわからない。言っていることがわからない。やろうとしていることがわからない。何もかもが手探りの状態で進んだ。

ただ、何とかなるものなんだ。練習にしてもまずは見よう見まねでやる。僕は後ろに並び、前の選手の動きを確認してから練習するようにした。サーキットをやるにしてもランニングにしても常に誰かの後ろにくっついて参加する。そうして多少の後れはあったかもしれないが、何日かするうちにサッカーに関しては何の問題もなくなった。すんなり順応出来た。

苦労したことと言えば、普段の会話の方が大きい。食事の時間に話しかけられて何を言われているのかわからない。通訳を通せばいいのだが、自分で答えたいのに答えられない歯がゆさがあった。それがストレスになる。

くだらないことでも構わない。簡単なことから話しかけることにした。たとえば、日本とイタリアじゃ動物の鳴き声が違うよねなんてことを聞く。

「日本ではニワトリはコケコッコーと鳴くんだ」

するとと彼らは面白がって、

「こっちはクックックーだよ」

と教えてくれる。

イタリアでも日本のニュースが流れることがある。テレビでは、「キャプテン翼」や「ドラゴンボール」が放送されていたりもする。例えば有珠山が噴火したニュースが流れたことがあった。そうすると彼らは僕よりも先に知っていて、日本でこんなことがあったぞと教えてくれる。

逆に一番困る話題が、女性の話だろうか。だいたいサッカー選手なんていうのは、女の話ばかりしているからその点困る。そうなるとまったく入れない。あの時の女がさあ、なんて話しはじめられると、そんな女は知らないから参加出来ない。みんながみんなそうなのだ。必ず女の話になる。

「名波、おまえはどんな女が好きなんだ」

コミュニケーションが取れるようになってくると、僕も、

「あのテレビに出てる女だな」

なんて答えられるようになってきた。すると、

「駄目だ、あの女だけはやめとけ」

なんて言われる。

サッカー用語をおぼえ、名前をおぼえさえすれば、ある程度のコミュニケーションは取れる。この三週間のキャンプ中に簡単な単語をおぼえたことで、少なくともグラウンド上でコミュニケーションに困ることはなくなった。

何日か経つうちに、チームの一員になっている実感が湧いてきた。それはそれほど難しいことではない。おそらく誰が行ってもそうだろう。何故なら、ヨーロッパの市場というものの中で毎年のようにチームの半分以上が替わっていくのだから。新しい選手の存在なんてごく当たり前のことだ。僕が入った時にも他に何人もの新しい選手がいたし、僕はアジアの選手かもしれないが、だからといって特別なことではない。チームメイトからずいぶんとヒデのことも聞かれた。基本的には好意的に受け入れられているのだ。

ジュビロや日本代表の中では確固たる自分の位置があったが、当然ベネチアの中では新人であり、下っ端《ぱ》だった。必要なことはまずチームの様子、誰がどんな実権を握っていて、誰にプレイヤーとしての力があるのかを観察することだ。それを見誤ってはいけない。

「こいつに付いていけば間違いない、こいつに意見すれば間違いない」

という選手を探し出す。そんな選手は必ずいるから見つけださなくてはいけない。もちろんキャプテンもそうなのだが、陰のリーダーというのが必ずいる。僕はそいつを陰口番長と呼んでいた。キャプテンはルッピであり、陰口番長はマニエロだった。

彼らを頂点としてピラミッド型の縦社会がある。プリマベーラと呼ばれるユースチームから上がってくる選手は練習でもスライディングで削られる洗礼を受ける。練習の段階から削り合いがあり、怪我をする選手もいる。それはしごきというレベルではなく、イジメだった。僕から見ていても、そういった選手はかわいそうなくらいやられる。上の選手が真剣であったり、機嫌が悪いと、プリマベーラの選手が対象になる。普通は練習でスライディングすると、悪かったなみたいな言葉があるのだが、プリマベーラの選手はただただやられっぱなしだ。かわいそうだが、それが洗礼だった。

三週間のキャンプを終え、ベネチアに戻った。

練習内容が毎日同じということ以外、監督に対する不信感のようなものはなかった。ホテルでは監督の部屋に呼ばれたこともあった。通訳と共に行くと、僕に求めるプレイを説明してくれた。はじめは、フォワードにボールを入れていく一・五列目のような役目だったろうか。それが何度か話しているうちに、キャンプの終わり頃には左のサイドハーフの位置になった。そこで中から外に出ていく動きをしろと。そして右サイドになった時だけ、シュートレンジに入って行けと言われた。その時はまだそれが戦術的な進化であると思っていた。ところが結果的にはそうならなかった。

キャンプを通して、徐々にチームの実力が見えてきた。

「このままでは厳しい」

そう思った。基本的な技術が足りない。マニエロ、ボルピといった選手は上手いと思っていたが、それ以外の選手に関しては技術不足を感じた。このチームの中では、僕が日本でやっていたようなボールを回していくようなプレイは出来ないだろう。それはわかっていた。それをどう打開していくか、それが問題ではあったのだが、それにしても厳しかった。トラップ、ボールコントロール、そういった基本的な技術が欠けている。選手たちもそれをわかっているようだった。どうしてもロングボールが多くなる。無理にでも繋げば繋げるはずなのだが、すぐにロングボールを蹴ってしまう。

キャンプの中で基本的な技術を向上させていくのかと思ったが、監督もそれを諦めてしまっていた。いや、むしろ監督の持つサッカーのスタイルもまたベネチアの選手たちに合ったものだったのかもしれない。

つまり、ロングボールを前線に放り込んでいくだけのカウンターサッカー。

順天堂大学時代からの仲間の日比威。僕はベネチアに行くにあたって、彼を誘った。僕自身の口から、一緒に来てくれないかと頼んだのだ。気心の知れている彼となら一年間通して喧嘩することもないだろうし、僕の言うこともきちんとこなしてくれるだろうとの思いからだった。

彼にはまず仕事の詳細を話した。事務的なこともやり、私生活レベルのこともやり、空いた時間は楽しく過ごせばいいということを話した。すると彼はその場で、いいすね、いいすね、名波さん行きますよ、絶対行きますよなんて感じだった。彼には当時教員の仕事があったのだが、それを辞める決意をし、僕と共にイタリアに渡ってくれた。そしてもう一人、幼なじみの杉山も事務所に誘った。彼らが僕の下に来てくれたことに対して、ある種の覚悟をしている。

「これから僕が駄目になったとしても、出来る限りのことはしていこう」

一生飯を食わしていかなくちゃいけないと思っている。

僕と日比の関係は、会社の関係という感じがまったくしない。友達だ。元々は友達からはじまったのだから、それは変わっていない。何も難しいところのない、上手い関係を築いていると思う。

ベネチアでの生活は日比との共同生活だった。彼は食事の面倒からすべてみてくれ、イタリアでの女房役と言ってもいいくらいに支えになった。彼とはサッカーの話もよくした。彼はベネチアでの試合を、僕が出ている出ていないにかかわらず、ほとんど見に行っていたのだ。ささいなことを含め、彼は自分の仕事をきちんとこなしてくれた。練習場への送り迎えもやってくれた。車ぐらい一人で運転出来るよと言ったのだが、これは僕の仕事ですからと言って頑として譲らなかった。洗濯も僕が眠っている時間には決してやらない。僕が目を覚まさないようにと昼過ぎになってから洗濯していた。イタリアでの生活環境が日本にいる時と特に何も変わりなかったのは、彼のおかげだろう。

自分が特別に順応性があるとは思わない。確かに食事のことや生活に関して神経質ではないし、マイペースだ。しかしそれでもストレスは溜まっていく。そんな時、日比が近くにいてくれたことは本当に大きい。彼がいてくれたから、イタリアでの普段の生活をストレスなく過ごせた。試合に出られなかった時、中途半端に負けて帰ってきた時、どうしてもストレスが残っている。そんな時、彼は僕を遊びに誘ってくれた。遊びといっても部屋でゲームをする程度。二時間三時間とサッカーゲームをした。

イタリア人がサッカーに関して特に優れているのかというと、それは一概には言えない。そこにはやはりその国の特色というものが関わってくる。イタリアはやはり常に前に前に行くサッカーを好む。ドリブルであろうがパスであろうが、前に行くサッカー、ゴールに向かって行くサッカーを好む。その点に関しては、サッカーを知っていると言える。ただそこから外れたサッカーに関してはどうなのかわからない。それはどこの国でもそうだろう。フランスやスペインであれば、ゴールに至る過程であるかもしれないし、イギリスであればパワープレイやフィジカル面かもしれない。国によって、拍手の起こる局面が違う。各国のリーグの特色は代表チームに反映するとよく言われる。セリエAも代表チームと同じく、ゴール近くに、ゴールに直結しそうなドリブルやパスに最も沸くようだ。

セリエAには世界一のサッカーがあり、最先端の戦術がある。そんな定説がある。僕はそれには首を横に振るしかない。確かにカリスマ的なものすごい選手がいる。巨額が動いている。しかし、世界一のリーグではないと思う。ユベントスやラツィオはいいサッカーをしているが、それはごく一部で、ローマにしてもミランにしてもロングボールが多い。

監督から指示された戦術面ですごいと思った点はただの一つもない。選手個人個人のスライディングなどの守備は上手いと思った。体の寄せ方などの使い方はさすがに、元から身についており、上手い。しかし戦術面に関しては、Jリーグと比べても進んでいると感じた点はなかった。

キャンプ中の三週間というもの、ロングボールを放り込み、マニエロがポストプレイで落とすという形のみの練習しか行わなかった。技術練習もあることはある。しかし、それは形ばかりであり、個人で行っても、チームとしては行われなかった。毎日のようにひたすらカウンターの練習ばかりが続く。

ショックだった。

練習していても嫌になる。練習中にほとんどボールを触らないこともあるのだ。例えば誰か前線の選手にボールを落とす。それが僕でなかった場合は、あとはボールがゴールに向かって行くだけで、二度と僕は触れない。

中盤の選手、特にゲームを組み立てる選手というのは、日本で言えばヒデや中村俊輔《なかむらしゅんすけ》もそうだと思うのだが、ボールを触ることでリズムを作る。ボールに触っていないと消えているとよく言われるのだが、ただボールが回って来ないだけで、そういった選手は一生懸命動いているのだ。

さぼっていて消えているわけではない。

　チームの形として、僕が疑問に感じていたのは、もし同じ実力のチーム、あるいは下の実力のチームと試合をするときはどうするのだろうということ。実力が上のチーム相手にカウンターで戦うのはわかるが、下のチーム相手では意味がない。開幕戦はウディネーゼと試合することに決まっていたのだが、その時はどうするのだろうか。普通は開幕に合わせてチームの形を作り上げていくのだが、形は出来ていない。開幕後に、試合の間隔が二週間空くため、そこで別の形を作り上げていくのかと考えた。しかしそれもなかった。覚悟はしていたが、ここまでとは思わなかった。

「これもサッカーなんだ」

　僕が今までやってきたものとは異なるものだが、これもサッカーなんだ。そう自分に言い聞かせ続けた。

　絶望はしなかった。このスタイルの中でも、必ず自分の力は出せる。このスタイルに合わせることは出来るのだと考えた。とにかく僕がリズムを変えるしかない。二列目で出場できれば、ボルピと絡み合うことで何とか出来るはずだ。

　しかし、監督の頭の中で、僕はレギュラーではなかった。

　僕がはじめにチームに対して注文を付けたのは、ディフェンスラインとフォワードラインのフィールドサイズに関してだ。ベネチアではディフェンスとフォワードの間が、四十五メートルから五十メートルは開いていた。強いチームでは、その距離がほぼ三十五メートルから四十メートルであるからベネチアの距離は絶望的だ。強いチームというのはやはりコンパクトにしているから、敵にプレッシャーをかけやすく、しかも前の選手が戻ってくる距離が短いので疲労もしない。組織として生かすには三十五から四十メートルと決まっている。それは誰が見ても気付くような問題だった。

例えばインテルやミランはコンパクトだが、下位のベネチア、ベローナ、カリアリ、ピアチェンツァ、ペルージャはかなりのロングフィールドになっている。しかし下位でもコンパクトにやっているチームはある。僕は練習試合を二回したところで、それをイアキーニに言った。イアキーニは、そうだなと言って、去年もそうだったんだよという話になった。僕はそれを直すべきだと言ったのだが、その練習をはじめたのが結局十一月だった。

後から気付いたのだが、監督の頭の中でははじめからスターティングメンバーが決まっていたように思う。僕の役割ははじめからサブだったのだ。いわゆるスーパーサブのようなもの。練習においても、レギュラー組に入ったり入らなかったりの繰り返しが続いた。

監督がカウンターサッカーというスタイルを作るにあたって、確かに技術的に上手い選手が一人か二人いた方がいいのだろう。その二人の中に入れるかどうか。しかし彼の思い描いたサッカーの絵の中に、僕は入っていなかった。

自分自身の役割も明確ではなかった。練習での監督の指示から考えて、僕は守備要員なのかもしれないと思った。攻撃要員として位置づけられてはいるのだが、入るポジションは守備的なものだった。攻める時にはゴール前に入るのだが、結局は三十メートル四十メートル戻って、守らなくてはいけないポジション。二列目でプレイするのであれば、真ん中でどっしりと構えることで、頻繁にゴール前に顔を出し続けたい。

監督に自分の使い方を注文することはなかった。監督に意見した選手は、移籍させられたりするのを見ていた。それが頻繁にある。言いたいことを言うと、ベンチから外され、遠征から外され、最後には移籍させられる。監督に意見するには、その言い方があり、言うタイミングがある。僕が通訳を通してそれをするには難しいものがあった。外されることは嫌だったし、今は従うのが得策だとも思った。十八人のメンバーから外れてしまうのだけは避けなければならなかった。

僕はどちらかと言えば、悲観的ではない。単純に考える方だ。ただ常に最悪の事態を想定しながら行動をする。僕自身、自分の足りない部分、通用しない部分を感じていた。だからこそ、彼が出るなら仕方がないなということではなく、今の自分の実力が足りないんだから仕方がないんだと言い聞かせた。

メンバーは固まってきたが、戦術的には不安なまま五、六週間の練習を終えた。監督がわかっていてコンパクトにしないのか、わかっていないのか、それが僕にはわからなかった。

強い相手と戦うには、ロングフィールドで後ろから構えなくてはいけないのだろうか。これでいいのかよくないのか、そんな試行錯誤を抱えたままのシーズンインとなった。それでも僕は

「これがイタリアなのだろうか」と決して悲観的ではなかった。

そして長いシーズンの開幕を迎えた。

調子は良かった。調子がいい時というのは足下へのボールの付き方がいい。体が切れ、次のイメージがしやすくなる。悪い時は足にボールが付かない。そんな時というのは、疲れ、そして精神的なものが大きい。Jリーグを終えて、南米選手権に行き、イタリアに来た時は体がぼろぼろになっていた。しかしそれを三週間のキャンプの間に疲労をピークまで持っていき、また元に戻した。疲労をピークに持っていく作業を、体を潰すという。フィジカルトレーナーの指示で一度そこまで行くと、また練習量を落とし、また体調を上げていく。一度か二度腰を痛め、マッサージを受けたが、それ以外は順調に運んだ。開幕を前にして、調子はピークに来ていた。

前日はよく眠れた。いや、眠れなかったのか。おぼえていない。

それまでの一週間の練習でスタメンはほぼ確定していた。僕はその中には入っていないようだった。

「出場出来ないかもしれない」

前日から宿泊していたホテルに日比からかかってきた電話に、そう答えた。

ホテルには選手が十九人宿泊する。そのうち十八人が登録されるのだが、僕はその時十八人登録とは知らず、Jリーグと同じように十六人登録なのかと思い違いしていた。このメンバーから三人外れるのだと考えていた。

眠りにはついたものの、外される三人の中に自分が入るのかもしれないと考えると不安だった。後半途中からの出場はあるかもしれないが、十六人のメンバーの中に入れなければどうしようもない。

メンバー発表は試合四時間前、ホテルで行われた。

登録メンバー表の中に、僕は自分の名前を見つけた。

2

開幕戦に緊張はなかったが、感動があった。

セリエAのピッチに自分が立ったということではない。セリエAそのものにだ。セリエAの開幕戦というものは、やはり群を抜いて素晴らしい。ファンの盛り上がり、選手の盛り上がり、すべてが他のリーグに比べて格が違う。

ただ、自分がその舞台に立ったことの感慨みたいなものはなかった。これまでJリーグのデビュー戦、代表デビューの試合、この二試合に関しては緊張したが、この時は違った。自分が迎える何度目かの開幕戦の一つとして、落ち着いた気持ちで迎えられた。

発煙筒が吹き上がり、熱気がグラウンドレベルまで降りてきた。スタジアムは超満員だった。

元々大きなスタジアムではないのだが、アウェー側の席も含めてぎっしりと埋まっていた。ここからウディネーゼのホームタウンはそれほど遠くはなく、ダービーに近い状況だった。熱気に包まれ、素直に感動し、自然と興奮してきた。ふと隣を見ると、僕の通訳まで興奮しきっていた。

スターティングメンバーにはなれなかったが、必ず出場機会はあると思っていた。監督には何も言われなかった。それでも出られるという確信があった。調子は悪くはなかったのだ。一ヶ月半の練習期間にベネチアでの二列目の仕事にも慣れた。紅白戦でも得点をしていた。監督やチームメイトに自分の良さをアピール出来ている。必ず出番は来る。

前半のうち、ベンチから試合を見ていて、チームの調子はいいとも悪いとも思わなかった。だいつも通りのサッカーをやっている印象だ。練習の時とそう変わらないレベル。

ベネチアの攻撃パターンは、最終的に右サイドを使う。普通は左サイドで作ってから右サイドに出すのだが、どうしても真ん中のマニエロに放り込んでしまうため、そこから落ちたボールに右サイドが突っ込んでいくスタイルだ。一方のウディネーゼは特に前半はいいサッカーをしていた。

どんな状況になれば出られるのかは考えなかった。どんな状況で出されるのか、それが気になった。出ることはわかっていたのだから。

後半十五分、0対1の状況で僕は出場した。

試合開始前と一転、僕は舞い上がっていた。緊張ではない、興奮だ。あんな興奮を感じたことはこれまでになかった。僕の中に、ふわふわと浮ついた感じと、ぎりぎりと切羽詰まった感じが半分ずつあった。浮ついたのは興奮していたから。切羽詰まっていたのは自分の役割のせいだ。0対1での出場。つまり僕に期待されていたのは、得点、それのみ。

「今日は守備のことは考えなくていいんだ」

僕は興奮しながらもクールに気持ちを取り戻し、戦況を見つめる。僕の交代の際にはもう一人同時に投入されている。ベネチアは完全に攻撃態勢に入っていた。この試合は、開幕戦。どうしても勝ち点を取っておきたかった。

僕の左からのクロスに、マニエロが合わせ、ゴールを決めた。結果的に、初出場で初のアシストということになる。偶然もあった。あの場面、敵ディフェンスに一度当たっているのだ。ボールがもう一個分高ければ、ディフェンスには当たらなかっただろう。ただ、いい角度、いいスピードでボールが入ったので、ゴールにも繋がった。人からは名波浩らしい、いいボールだと言われたが、これまでにもっといいのがあったし、あれは自分ではたまたまという感じだ。

僕が入った後から、前線にボールを放り込む形ではなく、足下に入れるグラウンダーのボールが増えてきた。僕にもボールが集まってきた。選手たちはみんな、僕が望むとおりに足下へボールをくれた。あいつの場合は足下にボールを入れるべきなのだと、まわりもわかってくれていたのだ。

フリーキックを僕が蹴る場面があった。練習では常に僕がフリーキックを蹴っていた。ベネチアにはフリーキックを蹴れる選手は少なかった。ペトコビッチぐらいだろうか。彼は長い距離を蹴れるタイプだったため、逆サイドのフリーキックは彼が蹴った。主に左は僕、右はペトコビッチという役割分担があった。そのためこの試合に限らず、僕が蹴る機会は多かった。

あの場面、距離がかなりあり、僕は無理だと言った。あれはサインプレイでもなく練習でやっていたことでもない。ボルピが、俺が前にちょんと出すからおまえが打てと言ったのだ。結果的には偶然ボールの上にうまく足が乗れた感じだった。

僕は走り込んでシュートを打ち、ボールはバーを叩いた。

この時のシュートは多くの人から誉められ、と同時にあの時のフリーキックさえ入っていればと言われるようになった。あのフリーキックが入っていれば、その後のシーズンすべてにわたって、僕自身の流れが変わったのではないかと言われたのだ。しかし僕はそんなものではないと思う。あれが入っていたとしても、きっと何も変わっていない。あれが入っていたとしても、次の試合には出られなかっただろう。一度のフリーキックが入るか入らないか。フォワードの場合はそれでその後のシーズンに影響されることがあるかもしれないが、中盤に関してはそうとは言えない。確かに、あの時は、ゴールが決まらなかったことは悔しかった。しかし、それもすぐに消えて無くなった。

あの時点でベネチアは完全に押していた。ところが、たった一つのプレイによって、状況は変わってしまった。マニエロが退場となった。攻撃に専念し、守備のことは考えなくてもいいという自分の役割がここで変わってしまった。一転、僕の頭の中は守備のことで一杯になる。

最終的に、開幕戦は引き分けとなった。マニエロへのアシスト、そして入りはしなかったがフリーキックは注目はされた。しかし、僕自身は次からが問題だと考えていた。出場した時は浮き足だっていたし、まずこれから慣れが必要だと考えた。プレッシャーに対する慣れ、当たりの激しさに対する慣れ。経験が必要だ。

もちろん満足は出来なかったが、ある程度は自分でも評価出来る結果だった。0対1の負けている状態で入ったこと。フリーキックが入らなかったこと。マニエロが退場して10対11になったこと。悪いことが重なって、引き分けとなってしまった。マニエロが退場した時、スパレッティからはトップ下に行くように言われていた。ペトコビッチのワントップとして、僕がトップ下に付く。しかしすぐ十秒後には、早く下がれと言われた。ラインは下がったままとなり、チームは守りに入った。退場者が出たことが悔やまれる。それまでは順調に攻めていたのだ。

スタンドには両親が見に来ていた。試合終了後、食事に行ったが、どんな話をしたか詳しくはおぼえていない。疲れてはいなかった。いつもと何も変わらない試合後の時間だった。

開幕戦の僕のプレイはイタリアのマスコミでもある程度評価されたようだ。しかし日本にいる時も誰かが買ってくるサッカー雑誌を軽く見る程度だったし、イタリアでも新聞の評価はほとんど見ていない。よくある点数での評価も間違っていると思う。同じプレイに5を付ける人もいれば7を付ける人もいる。それはおかしいと思う。フィールドに二十二人という選手がいれば、採点者も二十二人いるべきだろう。

一節の終了後、次節まで二週間空いた。週末にベネチアのスタジアムでモナコと練習試合をした。その試合で、レギュラーは四、五人しかいなかったのだが、とてもいいサッカーが出来た。僕自身、前半のみの出場だったが、調子が良かった。いい仕事が出来ていると考えていた。トリノ戦に向けて、万全の調子を整える。

しかし、ベンチだった。そして、僕はレギュラーは確定されているのだということがわかった。調子が良く、これで出られないのであればショックだった。おそらく誰か他の選手が怪我するまで、僕の出番はないのだろうと。

第二節、トリノ戦、この試合は先制しながらの敗戦だった。勝てたゲームを落とした印象だ。しかしまだ二試合目であり、勝ち点にはそれほど影響はしない。これ以降、何故か僕はホームゲームでは出場するが、アウェーでは控えというパターンが続く。自分では理由がわからない。監督からの説明もなかった。ひょっとすると攻撃的なプレイヤーというイメージもあったのかもしれない。

僕には理解出来ないのだが、イタリア人が言うには、ホームとアウェーはかなり違うらしい。アウェーでは勝ちを狙いに行かずに、引き分けを狙う。ベネチアもその典型で、アウェーで先制点を取った試合が何度となくあるのだが、そのすべてに負けている。どういうわけか、イタリア人は内弁慶が多いのだ。内弁慶になって、どうしても守備的に引いてしまう。例えばフォワードのマニエロは、技術的には最高の選手だと思う。センターフォワードらしい選手だ。しかし残念なことに、内弁慶なのだ。アウェーになるとまったく何もしない。メンタルの部分が大きいのだと思う。僕はどちらかというと、ジュビロ時代から外弁慶でホームはあまり好きではない。日本代表でも国内の試合は嫌いだ。きっとアウェーの方が解放されるのだろう。

　僕の使われ方は一貫していなかった。前節のことを考えて攻撃のオプションとして考えられているのかと思っていたところ、続く第三節、ローマ戦は先発であった。守備を固めるはずのローマ戦での先発。怪我人が出たわけではなかった。

　ローマはディフェンスがしっかりしていた。徹底的にカウンターのチームであるから、縦のスピードが非常に速い。そして必ずトッティを経由していく。ローマのカウンターとベネチアのカウンターとではまったく異なる。ベネチアの場合は一度マニエロから落とす形だ。ローマの場合はトッティに入ると同時に、さあ行けとばかりに動き出す。試合ではトッティを摑まえるために、前半始まってすぐにディフェンスが怖がって引いてしまった。ベネチアは典型的なロングフィールドとなってしまい、ローマに十分なスペースを与えてしまった。

　前半三十七分、敵ゴール近くで僕がボールを奪われ、それがそのままゴールに繋がってしまった場面があった。典型的なローマの速攻のパターンだった。ボルピからボールが来た時点で、敵が来ていることはわかっていた。僕はそこですぐに誰かに落としたかったのだが、サポートがなかった。そのため、一瞬判断が遅れ、奪われてしまった。確かにあれは僕のミスだ。

後半六分、惜しいシュートがあった。あれは悔しかった。記憶に強く残っている。左に曲がっていくシュートだったが、キーパーのファインセーブによってはじかれてしまった。

セリエAは全体的にキーパーのレベルが高い。最近のキーパーというのは総合的な評価になってきている。昔はハイボールに強かったり、一対一に強かったりと特徴があれば良かったのだが、今のキーパーというのは横にも動かなくてはならないし、後ろからのコーチングも出来なくてはならない。ベネチアのキーパーのタイビーの場合、至近距離は相当強かった。当たっている時は上手くいく。しかし、まわりから見ると単純なミスが多かった。彼からすると届かないボールも、今のキーパーであれば届かなくてはいけない場面があった。彼はその後マンチェスターに移籍した。

僕は後半二十二分に交代となり、結局1対3で敗れた。攻撃の形は見えてこなかった。ベネチアには攻撃の決まり事がなかった。しかしまだはじまったばかりだ。スパレッティは守備の修正をはじめた。三試合で失点6。毎試合失点していたからそれも当然だろう。

この頃にはほぼ生活のペースも摑めてきた。週に一度の試合があるという感覚にも慣れた。イタリア語の家庭教師も来るようになった。家庭教師は週に二度。練習が終わった後に、三時間ほど勉強する。彼は何故か漢字を逆から書いたり出来るほど日本語をこなせるイタリア人だったから、かなり楽しく過ごせる三時間だった。単語はかなり頭に入ったが、文法にするのは難しい。日本語で言えば、「私は飲む」と言うところを、「ワタシノム」となる感じだろうか。それでも何とか意味は通じるようになった。

第四節、カリアリ戦。この試合、僕はベッタリーニが退場となった後、後半十五分に出場している。この四試合で三度目の退場者だ。退場したベッタリーニは左サイドであり、その代わりに呼ばれたことから、はじめは左サイドに入るのかと思っていた。結局は二列目で、サイドに張り付いたウィングのようなポジションだった。

内容的には特に何も残っていない。僕は退場者の代わりであったから守備に追われていた。ベネチアは先に点を取るとどうも上手くいかない。二点目を取りに行こうとしないのだ。選手全員でボールを取りに行くという意識を持っておらず、形になり辛い。1対1という結果にみんな喜んでいた。カリアリというチームは常にセリエB降格の候補チームであったから、そこで争っていく上でアウェーで勝ち点が取れたというのは大きかった。

試合後エムボマとユニフォーム交換したことをよくおぼえている。彼が話しかけてきてくれたのは嬉しかった。

「イタリア語はむずかしいだろう？」

彼はそう日本語で話しかけてきた。ずいぶんと上手な日本語だった。

勝てない状況が続いたが、僕は決して悲観的ではなかった。不満はあったかとか、悲観的になったかとか、そんな風に聞かれること自体に疑問を持つ状態だった。

四節終了後、新聞に監督解任の噂が出た。しかしそんな噂はよくあることであり、選手は誰一人動揺していなかった。監督も、特に焦って新しい方向性を示したりすることもなく、いつもと変わりない。しかし翌週の火曜日に行われたミーティングは非常に長かった。二時からミーティングが開始され、実際に練習がはじまったのは三時半だった。前節の試合のビデオを見ながらミーティングをするのだが、誰も聞いていない。監督から何か言われても下を向いているような状態だった。それは空気が悪かったわけではなく、同じ場面を十回と続けて説明するので、早く練習やろうよという感じだったのだ。

スパレッティはよく選手に責任を押しつけた。記者には言わないのだが、ミーティングの場で、おまえの責任だとはっきり本人に言う。僕もよく言われた。それに、一度強く反論したことがある。味方のスローイングの場面でのこと。彼は何度もビデオを巻き戻しながら、その時の僕の居場所について否定する。ここにいるのではなく、こっちに付けと。僕自身は別の選手が流れてきているのがわかっていたから、反論した。スパレッティの言う通りに動くと、自分も味方も無駄に走る距離が長くなるからだ。他のチームメイトも、名波の言う通りだとかばってくれる。しかしスパレッティは、いやそんなことはないと言って、またビデオを十回ぐらい巻き戻す。決して喧嘩腰というわけではない。スパレッティは自分のことは絶対正しいと思っている。面白い男なのだ。

ここまでの試合内容も、チームの状況も悪かった。しかしまだ監督との関係は、僕を含めて悪くはなかった。僕も試行錯誤しながら様々なことをトライしている段階だ。監督との関係も、それほど深入りせずに構えて見ていた。

月に一度くらいの割合でクラブの会長が練習を見に来ては、選手に一言二言話して帰ることがあった。ローマ戦が終わった頃にも一度、会長がグラウンドを訪れた。彼は僕にも声をかけてきた。これまでキャンプ、練習試合と調子が良かったにもかかわらず、ここ二、三試合となかなか出場出来ないことを会長は知っており、そのことを言ってきた。

「五、六試合様子を見た後に、先発で使っていくようにするから準備をしておけ。くさらず頑張れよ」

そんなようなことを会長は言った。嬉しくも何ともなかった。そんなものは慰めの言葉だ。

シーズン通してのことだが、日本では、名波は当たりに弱い、フィジカル面が弱いということが盛んに言われていた。それを言う人たちがいて、その意見に乗ってしまう人たちがいた。

フィジカル面が弱い。そんなことはわかっている。僕がデビューしてから五年が経っており、それが何故今になって大きく取り上げられるのか。以前からも言われてきたことだ。ただ、わかる人はわかってくれている。今さら僕の言葉で説明する気にならない。言えるとすれば、そこには僕のプレイスタイルが大きく関わっているんだということだ。

例えばセリエAの選手には、日本人にはないキックの強さがある。移籍当初は僕のインステップのパスの強さが彼らのサイドキックのパスぐらいの強さであった。骨格が違い、肉付きも違った。同じピッチに立つと、やはりまわりの選手は大きく感じた。しかしそれもすぐに慣れてきた。全員が全員大きな選手ではないのだ。細い選手もいる。ベネチアで言えば、右サイドのバルトリーナ。彼は背が小さく、痩身だが、十分こなしている。優れた選手のすべてがフィジカル重視なのではなく、様々な選手がいてはじめて、一つのチームになっているのだ。

僕のプレイスタイルがフィジカル重視でないことは、普通の人が見てもわかるはずだろう。

もちろん個人的に反省する点はある。最低限必要なレベルのフィジカルは身につけたいとは思っているし、ある範囲内での意見は受け止める。しかし今僕が、例えばヒデのような強靭な肉体を作っても、プレイから繊細さが失われるだけだ。筋力トレーニングをすればそれだけスピードも落ちる。

僕のプレイスタイルは筋トレ重視ではない。フィジカルコーチから貰ったメニューでは、当然僕のスタイルをわかっているから、これ以上筋肉を付けるなと指示がある。七十キロから七十二キロの間で体重をキープすることが大切だ。

日本であんな風にフィジカル面を大きく伝えられたことに関しては、今さら言うことじゃないという思いが強かった。ジュビロに入団したばかりの頃はもっと細かった。その時は持ち上げるだけ持ち上げていたが、言うならその時に言うべきだろう。

セリエAで一シーズンを通してプレイしてみて、チームメイトから、体を作れと言われたこともあった。しかし基本的に考えは変わっていない。もちろん必要な分はやるし、いらないとは言わない。

セリエAがフィジカルが重視されるリーグだということは認める。もちろん当たりは強い。日本に比べて、潰し方が違う。相手のボールを奪う時は、ボールと共に体に当たって持っていく感じだ。日本の場合は敵と対しても、なかなか飛び込まない。むしろ広がる時もある。ボールをトラップした瞬間にすーっと詰めてくる。ボールを持っている側は、プレッシャーが速いと感じたら、方向転換をして逃げるように動く。しかしセリエAの場合は、そこを一気にがんと潰しに来る。レフェリーの認識の違いもある。日本であればファウルになる場面でもならない。後ろから削ればさすがに笛が鳴るが、これはやりすぎなんじゃないかという場面でイエローカードが出ないこともある。また、客がそういったプレイに盛り上がっているところもある。ホームチームが潰しに行っても何も言わないが、アウェーチームがそれをやると、罵声が飛ぶ。

当たられた瞬間に倒れることを、批判する人もいる。それもまた別の意味で、僕のスタイルだ。当たられた瞬間に踏ん張る選手は踏ん張る。しかし僕の場合は当たりを吸収しながら倒れる。ファウルを貰うために倒れる場合もある。それはスタイルだ。よく見ていればわかると思うが、倒れてはいけない場面では倒れていないはずだ。ボランチのポジションにいる場合は倒れていない。ゴール前で僕が倒れる場面については、例えば僕の足下にボールが入ってきたとする。そこで敵からプレッシャーが来る。そこで僕がプレッシャーを回避出来るように味方が動いてくれれば、前にボールを出せる。しかしベネチアはそういったチームではなかった。その結果として、倒れることはあった。僕のフィジカル面に関しては、自分でも認めていることであり、それがスタイルなんだとしか言いようがない。

第五節、ユベントス戦。敗れはしたが、良い出来だったと思う。ユベントスは最悪の調子だった。本来のユベントスには強いチームによくあるたたみかける攻撃があり、その点はすごいと思う。ダービッツが欠場していたのが残念だったが、好きな選手も多い。

前半を0対0で折り返し、後半八分、ペトコビッチに代わって出場した。ボールがあまり回ってこなかったが、来ればさばいていくという意識はあり、苛立ちはなかった。味方に向かって激しく指示する場面もあった。Jリーグでもそうであったように、必要だから言っているだけだ。アウェーゲームであり、勝てれば儲けものという感じだ。無理に得点を狙いに行くことはなかった。その結果の敗戦。

僕はベネチアのサッカーに合わせようとしていた。僕がこのチームで中心になることはまずない、とわかっていたのだ。日本人がイタリアでやるとすれば、自分に合わせてくれるか、自分が合わせるかのどちらかだろう。ベネチアのサッカーに合わせるというのは難しいことではあった。ただ自由にプレイさせてくれさえすれば、必ず合わせられると思っていた。しかしスパレッティのサッカーには決めごとが多かった。左サイドに張れと言われれば、そこから離れることはもう出来ない。これまでのサッカー人生の中で、そういった経験はない。あのオフトでさえ、攻撃の時は自由にプレイさせてくれたのだ。

試合に出られない。それはほとんどはじめての経験だった。

体調は問題ない。練習にも慣れた。午前と午後、二度の練習。日本では一時間半を超える練習はなかったが、ベネチアではそれを超えていた。一時間半という時間を体がおぼえていたから、それを過ぎれば、時計を見なくてもすぐにわかる。その長い長い練習をまったく長く感じなかった。

試行錯誤を繰り返していた。落ち込みはしなかったが、まだまだ考えるべきことは山ほどあった。試合を終えて、家に戻ると、日比と話をした。今のポジションでは難しいから、本当はこうしたい。そんなふうに自分の望みを話した。彼は元プロサッカー選手であるから、よくわかってくれる。今は、ベネチアのサッカーに合わせるしかない。合わせなければ、試合に出られないのだから。

そんな流れが、続くインテル戦で、ふいに変わった。先行きが明るく思えた。その試合、僕はボランチで出場したのだ。

平均的にボランチというポジションの攻撃と守備の割合は、四対六ぐらいだろうか。試合の状況によって変わるが、僕の場合は三対七ぐらいの割合でこなしている。

ユベントス戦後に行われたカップ戦、ペスカーラとの試合において、僕はボランチで出場した。レギュラー陣がほとんど休みだったその試合、僕はパーフェクトに近い力を発揮出来た。そして信頼を得た。周囲の選手も僕の実力を認めてくれたはずだ、そう思った。そして、僕はあることに気付いた。

僕のポジションはやはりボランチなのだ。

そして第六節、インテル戦において、僕ははじめてリーグ戦にボランチとして出場を果たした。レギュラーで、本来ベネチアの中盤でゲームを支配しているボルピが怪我で欠場したためのスタメン出場だ。僕の居場所ははたしてどこなのだろうか、不安な思いを抱えながらプレイしはじめた。怪我人の代わりの出場、そしてボランチ、それが僕にとって初のフル出場となった。そして、それがベネチアにとっての初勝利となる試合となった。

自分自身、満足度が高い試合だった。いい仕事をしたと思う。頭をフルに使ったゲームだった。インテルのレベルから考えてまず守備の意識があり、ボランチとしてどれだけ敵の攻撃を食い止められるか、そこが僕のポイントだった。ボールがロナウド、サモラーノの二人に入ってくるのをどこまで遮断できるか。そこに頭を使い続けた。それにはまずポジショニングであり、パスコースを消すこと。くさびに入ったボールに寄せること。かなりの運動量であったと思う。ほぼノーミスだったのではないだろうか。頭を使うということに関しては最高の出来だった。

二列目からボランチに下がったことが大きかった。ボランチにいれば、潰されることはまずないし、間合いも取りやすい。

それ以前は、頭を使うよりも、スパレッティの言う戦術をこなすだけだった。インテル戦は違う。まわりとのコンビネーションも勿論あるのだが、自分の頭で考え、自分の頭で行動し、自分のプレイが出来た。セリエAのスピードにも慣れてきた。単純なフィジカル面でのスピードに関して言えば、それほど重要ではない。すべてを予測する判断力、頭の回転のスピードの問題だ。

試合中、僕は常に叫び続けた。

「ラインを上げろ。上がれ、上がれ」

最終ラインが引いてしまったら、必ずドリブルでやられる。ゴールに向かって突っ込んでくる。その時ロナウドは病み上がりで決して体の切れはなかったが、ただいるだけで存在感があった。彼がゴール前に切れ込んできた時はさすがに焦った。

「ラインを上げろ!」

試合終了と共に確信した。

僕はやはりボランチなんだ。僕はイタリアでもボランチなんだ。終了の笛を聞いた瞬間に、

「ああ、やれた」

そう思った。

この勝利の結果、チームは間違いなく自信を持った。それは僕も同じだった。ボランチならここまでやれる。周囲の人々も、イタリアで知り合った人々も含め、やはり彼はやれるんだ、そう思ってもらえた試合だった。

様々な人々の信頼を勝ち得た試合だったと思う。中でもイアキーニとは、非常にいい関係になれた。

「おまえと組めばいいプレイが出来る」

僕はイアキーニに言った。イアキーニもまた、

「俺もそう思う、おまえと組めばやれるよ」

と言ってくれた。

これまでの鬱屈は、この試合ですべて晴れた。そして、続く第七節のペルージャ戦で再びスタメンだった時、ああ俺はもうレギュラーなんだ、そう思った。

3

イタリアに来てからも、もちろん何度かヒデと連絡を取り合っていた。他の友達と同じようにだ。サッカーの話はまったくしていない。アドバイスをしたり、されたりといったこともない。おお、元気か？　それだけ。世間話をする程度だった。

第七節、ペルージャ戦を前にして、「中田対名波、初の日本人対決」というくくりの下に、日本から多くのマスコミが訪れた。イタリアのマスコミもまた日本人対決を大きく取り上げた。当たり前のことだが、僕にも、そしておそらくヒデにも日本人対決などという意識はなかった。この試合は日本人対決などではなく、ベネチア対ペルージャなのだ。たまたま対戦チームに、知っている選手がいるということだけだ。知っている選手がいるから、試合前に会えば挨拶もする。それだけのことだった。何度聞かれようと、僕には日本人対決ということの感慨はこれっぽちもなかった。ペルージャから勝ち点3を取ること、それがすべてだった。インテルに勝った後で、必ず連勝出来ると思っていた。

僕は日本向けにもイタリア向けにも一切コメントするつもりはなかった。しかし様々な理由からイタリア向けに会見を開かざるをえなくなってしまった。そこでイタリアの記者から、ヒデの印象を聞かれた。

「彼は一年間の実績があり、あれだけの活躍をしているのだから、尊敬しているし、僕にとってはスーパーマンのような存在だ」

僕は素直にそう言った。それが翌日の新聞には、

「中田はスーパーマン気取りの生意気な奴だ」

と僕が言ったように書かれていた。僕の言葉は明らかに意図的に作り替えられた。おそらくイタリアの記者たちは、はじめ僕が会見を拒否していたことから、悪意を持ったのだろう。マスコ

ミに関しては、イタリアも日本も変わらない。

チームの仲間たちは、それを面白がって、僕をからかう。

「おまえ、中田に会ったら、おれは中国人だって言えよ」

彼らは彼らで盛り上げてくれていた。

ヒデとは、とにかくグラウンド上で、カメラに一緒に写るのだけはやめようと言い合った。結局は、撮らないと試合がはじまらないと言われて、仕方なく撮ったが、二人とも嫌で嫌でしょうがなかった。よく誰か偉い人が来ると、試合前にチームと一緒に写真を撮ったりするのだが、僕はあれもおかしいと思う。これから戦うという時にそんな気分にはならない。

その日は大雨となり、駐車場の車がほとんど水没するほどだった。駐車場はスタジアムよりも低い場所にあり、プールのようになっていた。車の屋根が水面にほんの五センチばかりがのぞいている。土砂降りになるとペルージャの駐車場はいつもそうらしい。

スタジアムに着いた時はまだ晴れていた。グラウンドもいい状態だった。それが試合がはじまるまでに、水浸しの粘土のようになってしまった。そして試合がはじまった時にはもう単なる泥だった。

先制したのはベネチアだった。雨の中での試合は実はそれほど苦痛ではない。それよりもリードして前半を折り返した後に、ハーフタイムが十五分か二十分延びてしまった。あれさえなければ、そのままのリズムでどうにかなっていたと思う。

後半、得点された場面は、マークがずれたところで僕が敵二人に付く形となってしまい、一方に付いたところ、ヒデにはたかれてしまった。最終的には後手後手になってしまい、決められた。前半に比べて後半は苦戦した。

ヒデのプレイは素晴らしかった。やはりペルージャはヒデが中心のチームだった。ヒデは変わっていなかった。日本にいた時と同じようにプレイしている。ペルージャの中心にすごいヒデがいて、そして今まで通りのすごいヒデだった。日本にいる時からフィジカルが強かったが、さらに何倍もの筋トレをして、その強さを武器にしている。自分の体のバランスを考えながらプレイしているし、体のすり抜け方が上手くなっている。トラップしながら、後ろに付いたディフェンダーと入れ替わるプレイだ。ボールを取られないように粘るというのは簡単なことだ。彼のように反転して抜くというのが難しい。そういった反転するプレイを僕はあまりしないが、やはりすごいと思う。

終盤、僕がゴール前にあげたパスは、結果的にマニエロが外してしまったが、最高のパスだったと思う。あの疲れ切った時間帯で、よくあそこまでボールが浮いた。マニエロには、トラップしてから打ってくれよという感じだった。ボールはマニエロの体にかぶっていたし、彼はトラップが上手いから、一度落としてから打って欲しかった。ただそこでもやはり内弁慶なところがあって、ジャンプしきれない。

後半四十分過ぎ、僕は交代で退いた。納得がいかなかった。あの時間帯、いいボールを出していたし、決定的なチャンスを何度も作っていた。もっと早い時間帯ならわかるが、何故こんな時間帯に替えるのかと思った。コンディションは最悪だったが、インテル戦に続いて、ボランチとしてすごくいい仕事をしたと思う。個人的にはかなり満足できた。しかし、敗戦は敗戦だ。

試合後、帰りのバスの中でヒデと電話で話した。とんでもない雨だな、と。彼は知り合いと食事に行くが、この後どうするのかと聞いてきた。試合後に食事をする約束をしていたのだ。しかしこの雨では行けそうにない。僕は帰ると告げた。

「またな、頑張れよ」

お互いそう言って電話を切った。男同士の素っ気ない、用件のみの会話だ。

残留争いをしている相手に逆転負けしたことから、またマスコミは監督問題をあおりはじめていた。次節のボローニャ戦で負けたら監督はクビだと、会長が言ったとか言ってないとかの記事が出た。早くも降格のことまで取り沙汰されている。他の選手はどうかわからないが、僕はまったく降格のことなど考えていなかった。

4

大きく報道されていたこともあり、監督解任の予感はあった。チーム内でも噂は出ていたことから、その日が近いことは頭にあった。

僕自身は非常にいい波の上にいた。インテル、ペルージャ、ボローニャ戦と三試合で連続スタメンとなり、ほぼフルタイム出場だった。ようやく監督からの信頼を勝ち得たところだったのだ。その矢先の、監督の交替。しかも開幕してまだ八試合、早すぎると思った。監督を替えたところでチームは何ら変わらないはずだ。

練習に行くと、全員が控え室に集まり、スパレッティから最後の挨拶があった。全員に握手をし、がんばれよと声をかけ、彼は去った。僕からは何も声をかけなかった。

僕とスパレッティとの関係は選手と監督の関係以外の何物でもなかった。気が合うという部分はなかった。他の選手もどこかそうだったと思う。レギュラーとして使われている選手でさえも監督に文句を言って外されていたのだ。僕とスパレッティとは考えが違っていた。ただそれだけのことで、余計な感情はない。考えが違う人間と仕事をするときも、それを直接本人に言うことはないし、表面上だけでも上手くやっていくしかない。言いたいことを言ってしまった選手が外されていくのを、目の前で見ていたのだから。我慢するしかない。

そんな我慢は特別なことではなく、今までにもたくさんしてきたことだ。たとえば日本代表で加茂周《かもしゅう》監督にボランチをやれと言われた時、はじめは嫌だった。ジュビロにフェリペ監督が来て、様々なポジションをやらされた時、彼との関係は決してよくなかった。バウミール監督ともよく喧嘩した。

そんなことはいくらでもある。ただそれはスポーツ選手なら当然のことで、誰でもそうなのだと思う。団体競技において、監督と選手の関係というのは常にそういった面を持つのだ。監督と合わないから辞めてしまうという選手もいる。それはその選手の考え方であって否定はしない。選手に好かれようとは思わないまでも、悪く思われないようにしている監督もいる。何から何まで自由な監督もいる。

僕が思う監督の仕事は、現有戦力でどこまで戦えるかを見極めること。そして幾つもの方向性を決め、自分なりに出した結論を、最大限まで引き出せるようなチームにすることだ。

監督の仕事は困難だと思う。対選手、対フロント、対マスコミ、対サポーターと、様々な兼ね合いがある。ましてや、ワンマン会長のチームの監督ともなれば、会長の言うことを聞かなくてはいけないし、お気に入りの選手も使わなくてはいけないだろう。それは難しいことだ。グラウンド上のことは勿論だが、それ以外にも目を配らなくてはならないことがたくさんある。

監督にとって、最も大切なことは、自らの精神安定ではないだろうか。それは冗談ではなく、監督が疲れていたり、感情的になったりして落ち着いていないとチームが落ち着かなくなるのだ。それではチーム作りが出来ない。監督に迷いがある時、それはダイレクトに伝わってくる。それはやはり何があろうと見せてはならないと思う。監督が迷いを見せた時、チームは路頭に迷う。それは選手と監督との信頼関係を崩す一つの原因なのだ。

戦術的な才能がある監督と、チームをまとめる力に長けた監督がいたとする。どちらが良いかは、今そこにいる選手次第だ。戦力があればいかにまとめていくかの問題であり、戦力が普通なのであればいかにそのレベルを上げるかになる。

自分が将来監督をやることも考えたことはある。プロの監督というのは頭にはないが、学校単位であったり、ジュニアユースやユースなどの下部組織のレベルでやるのは面白いだろうと思う。人に教えるのが好き嫌いではなく、自分からサッカーを取ったら何も残らないから、将来という と監督の道が頭に浮かぶ。といっても、こればかりはなってみないことにはわからない。神経を使う仕事だと思う。情報戦などの細かい域に入っていくと、現役でやっていたような人間にはそうそう裏の方までは入っていけないだろう。難しい仕事だ。自分には人を引っ張っていく力もないと思う。人を引っ張っていくのはある種カリスマ的な人間で、実際僕の周囲にもいる。それは僕ではない。

僕がこれまでに出会った中で素晴らしかった監督というと、まず高校時代の大瀧監督が思い浮かぶ。それ以降も何人もの監督の下でプレイしてきて、プロの監督でも素晴らしい監督は何人もいたが、大瀧監督はインパクトが強い。すごい監督だと思う。大瀧監督は怒鳴っていることが多かったが、チームは非常にまとまっていた。

スタメンでフル出場出来る地位を確立したのが第八節、ボローニャ戦だ。これまでスパレッティとの信頼関係を築くために、多くの時間をかけてきた。もちろん最初から出られるに越したことはないが、出られないとわかった時点から、彼の求めるものに見合ったプレイをしてきたし、監督ともよく話すようになった。そして彼の話しているイタリア語もよくわかるようになってきた。彼の口から出る、体調はどうだ、疲れてるか。そんな小さな言葉の一つ一つがわかることで、関係はより近くなったはずだった。ぽろっと出た一言が、通訳なしで答えられること、それはすごく大きかった。冗談も言い合えるようになった。

そんな時、彼は解任させられた。僕はその知らせをテレビで知った。

「変わるのか」

僕はそう思った。

「あのサッカーが変わるんだな」

監督交替によって、チームは間違いなく変わる。新しい何かが必ず入る。まず選手が替わる。同じ十一人でプレイすることはありえないだろうし、一体誰をどう使うのか、それが頭にあった。そして、サッカー自体が変わる。どんな風に変わるのだろうかと、期待は大きかった。しかし、スパレッティの下でようやくレギュラーを取り、チームメイトにも認められ、さあこれからだという時だったのだ。そこでの監督交替はやはり痛い。期待と同じように、不安もまたあった。

スパレッティが去り、すぐに新しい監督が現れた。新監督、マテラッツィの下、三泊四日のキャンプが行われた。

「おまえのプレイはよく知らないからキャンプで見せてくれ」

マテラッツィからはそう言われた。また一からのやり直しだ。

彼はベネチアの監督になる以前はポルトガルリーグで仕事をしていたが、元々はイタリアにおり、息子はペルージャの選手だ。当然見知らぬアジア人選手よりも、少しは知っているイタリア人選手を選ぶ。僕はその条件の中、四日間のキャンプのうちに自分をアピールしなくてはならない。

まず戦術面における、技術的なこと。練習は楽しかったが、その時はレギュラーどころか、常に三番目の組に入っていた。このままでは出られないと思った。レギュラー組には、彼がよく知っているプレイヤーに加え、これまでに一度も出ていなかった新しい選手が選ばれた。サッカーも少しだが変わった。戦術面では、多少ボールをつなぐようになった。

ただ監督による戦術の指示は変わったが、選手自体の動きがあまり変わらない。監督は新しい風を吹き込んで、選手の意識も変えようとしていた。しかしそう簡単には変わるものではない。

新監督の下、リーグ戦よりも先に、まずカップ戦が行われた。以前僕がボランチで出場したペスカーラとの二戦目だ。

試合内容は最悪で、前半はぼろぼろに押されまくっており、いつ得点されてもおかしくない状態だった。

そんな中、僕はイタリアでの初ゴールを決める。素直に嬉しかった。前半にもゴールした時と同じような場面があり、しかしその時はイメージと違うボールを蹴ってしまった。もう一度チャンスが来れば、必ず入れようと思っていた。一度蹴った場所であれば、三回蹴れば同じところに必ず入る。僕は元々そんなにフリーキックの練習はしていないし、例えば俊輔や木村和司さんのような人たちは別格だ。ああいったフリーキッカーに比べたら、僕は全然駄目だ。ボールの質がまったく違う。

結果的に、フリーキックがゴールとなった。観客の沸くところに向かって蹴ろう、そう思っていた。


続く第九節、ACミラン戦はサンシーロスタジアムで行われた。

前半はまったくずれがなく、良かったが、最終的にはマテラッツィのやろうとしているサッカーは出来なかった。ただ繋ぐことは意識していた。やれば出来るという要素はあった。僕自身は途中交代で入ってすぐにいいリズムでボールに触ることが出来た。上手くやれたのだが、やはりミランは強い。固かった。守りも攻めも固い。いわゆる昔からあるミランのイメージ通りだ。0対3の敗戦だった。

第十節、対戦したピアチェンツァはその時点での最下位であり、残留争いという意識があった。僕は先発だった。トップ下、そして時にトリプルボランチの真ん中に入っていく、自由に動ける位置だ。まああの仕事が出来たと思う。ポジションも良かったが、かなりいいタイミングでボールも貰えた。自分からもいい形のボールを二、三本出している。試合開始早々にフォワードに出したボールは、その時点でのベストスルーパスだったと思う。

徐々にだが、楽しくサッカーすることが出来ていた。自分らしさが出せていたと思う。体調もよかった。試合が詰まっており、続けてプレイ出来たことで、逆に自分としてのリズムが摑め、生きたボールを出せた。

これまでの積み重ねがあった。イタリア独特の軟らかいグラウンド、悪い芝生にも慣れた。チームにも溶け込んできていた。サッカーに関してなら、自分からも意見が出来るようになっていた。

やはりインテル戦あたりから信頼は勝ち得ていた。と同時に自分の意見も言えるようになったのだ。走れ、もっと絞れ、ラインを上げろ。そういった意見を他の選手たち言えるようになった。発言力とかリーダーシップとかいう問題ではない。単に、言葉の問題だ。

それまでも常に意見はあったのだ。言葉さえおぼえれば、絶対に言えると考えていた。そしてそうなった。

「私生活の名波の印象はおとなしい」

と言われていたらしい。当然だろう。合宿や食事している中に言葉も知らないままに入っていけば、どんな会話をすればいいのかわからない。何の話をしているのかわからないところに入っていく難しさがある。しかしグラウンドでは違う。サッカーの中でなら、言葉さえクリアすれば、何も問題はなくなるだろうと思い続けていた。何も心配はなかった。仕事のことなら、誰でもそうだろう。

ピアチェンツァ戦において、自分ではいい仕事をしたつもりでいたのだが、続く第十一節のレッチェ戦では出場機会がなかった。

マテラッツィと話した際も、おまえはこの前の試合で良かったから、次も頑張ってくれよと言われていたのだ。にもかかわらず、外れてしまった。何故なのかわからない。他の選手たちからも、

「何故おまえは出ないんだ」

と言われた。

「監督に何か余計なことを言ったんじゃないのか」

と心配されているようだった。もちろん何も言うはずがない。何故出られないのか、まるでわからなかった。

「仕方がない」

それだけだ。その日は誕生日でもあった。二年連続で最悪の誕生日だ。

レギュラーがころころと替わり、僕の信頼感も薄れているのかと思った。しかしチーム自体は、スパレッティの時に比べて良くなってはいた。敗戦続きだったが、僕はまだまだ行けると信じていた。負けてはいるが、点を取ろうと思えば取れたゲームは幾つもあった。レッチェ戦にしても先制点は取っている。折り返した後に、どんどん点を取っていけばかならず挽回出来ると思っていた。

ベネチアは本来もっと上位に行けるチームなのだ。ベローナ、レッジーナ、ペルージャ、バーリ、レッチェ、この五つのチームと比べても、同じレベルか、もしくはそれ以上の力がある。戦力的に見てもベネチアは、九番目から十二番目の間には行けると思っていた。実際、前の年は十二位だった。シーズン前は、UEFAカップの予選にも行けるのではないかと言われていたのだ。なのに、特定の五つか六つのチームにどうしても勝てなかった。

ここで、冗談としか思えないことが起こる。スパレッティが戻ってきた。髭面になり、平気な顔をして戻ってきたのだ。

「また来んのかよ」

選手もみんな笑ってしまっていた。後から聞いた噂によると、マテラッツィ自体が単なる中継ぎだったようだ。契約期間も短かく、別の監督を準備していたようだった。ただ、問題があった。新聞の記事によると、スパレッティが二年か三年の契約をしていたらしい。その為、前回の解任は辞任ではないから、違約金を払わなくてはいけない。ベネチアはその違約金を払うのが嫌になり、監督復帰させたらしい。本当かどうか知らないが、そういった噂が流れたぐらい、笑える復帰だった。

スパレッティは少し変わっていた。練習を続けていくうちに、彼が選手の意見に耳を傾けるようになっていたことに気付いた。

「モエナのキャンプの時からずっとおまえが一生懸命やっていたのを俺は認めている」

そんなことを言い出した。

確かに僕はキャンプの時に黙々と練習していたから、ああ、見てくれていたのかと思うと、少し嬉しかった。

しかも僕がはじめから言っていた、最終ラインと前線のフィールドをコンパクトにするという練習もはじめた。紅白戦やフォーメーション練習で、コンパクトに保つ練習をはじめたのだ。僕はそのことをルッピやイアキーニにしか言っていなかったのだが、彼らから伝わったのかもしれない。外からチームを見たことで彼も変わったんだ、そう思った。

第十二節、レッジーナ戦はスタメンとなり、2対0で勝った。久しぶりの勝利だ。

新聞によると、この試合の前、選手がサポーターから脅されるという一件があった。ホームゲームの際、選手たちの車はスタジアムに行くためのボート乗り場に駐車してある。レッジーナ戦に負けたらその車をボコボコにするとサポーターたちが言っていたらしい。サポーターたちは調子の悪い選手たちの名前を挙げて宣告していた。その中に僕は入っていなかった。

そういったこともあって、レッジーナ戦のスタンドは異様な雰囲気だった。レッジーナも降格圏内であったし、ライバルチームには負けられないという選手の思いがあった。サポーターも、いい加減にしろよ、そろそろ勝てよという雰囲気があったのだ。

第十三節、パルマ戦は出番はなかった。

第十四節、ベローナ戦も後半からの出場だった。ベンチで見ていて、最初の十五分ぐらいまではチームも良かったし、いい感じでボールもカットしていて、いい展開だった。そろそろ今日あたりは2対0ぐらいで勝てるのではないかと思っていたが、攻めきれず、0対1の敗戦。つまらない試合だった。これで連敗中だったベローナに火を点けてしまったのだ。痛い連敗だ。

クリスマス休暇となり、僕は日本に一時帰国した。休みは六日間ぐらいだったのだが、飛行機の関係もあったため、スパレッティに言って十日間にしてもらった。スパレッティは、おまえはよくやったからと許可してくれ、その代わり三日間は体を動かしておけと言われた。実際日本でも四日間は練習をしていた。

日本に帰ってきはしたが、それほどリフレッシュは出来なかった。実家には一時間ほど帰り、二度ばかり海をながめに行ったあとは取材が続いたため、逆に疲れた。そんな中でも、仲間と会う時間は何とか作った。日本にいなかった分、誘われることも多かった。ただテレビの取材で夜遅くなることもあって結局二度ぐらいしか行っていない。

騒ぎたかった。様々なストレスを、仲間と騒ぐことで解消したかった。とにかくよく喋った。サッカー関係の仲間といる時は、当然サッカーの話になる。ただ僕は愚痴のようなことは言わなかった。

サッカー以外の仲間からも、やはりイタリアのことは聞かれる。聞いて当然だと思う。しかし昔からの親友たちは、違った。中学、高校、大学の同級生たちといる時は、くだらない世間話をして過ごした。おまえ、浦島太郎状態だろうと言われて、留守中に日本で流行ったことを聞いたり、動物占いの話をしたり。

彼らは僕の前で一切サッカーの話題を出さなかった。

5

十二月二十九日、再びイタリアに戻った。当然、年末年始も休まず、練習がある。

この頃ベネチアは残留争いの渦中にいた。チームの状態は決して悪くはなく、よくて十三位、悪くて十四位、最終的には残留出来るものと信じていた。

年明けと共に一月五日から一月二十日まで、再びセリエAの移籍市場が開く。

ヒデはペルージャからローマに移り、城彰二《じょうしょうじ》はスペインのバリャドリードに移籍した。ヒデとは頻繁にメールで連絡を取り合っていたこともあり、来年どうするのかという話もしていた。いろいろ書かれているけどどうよ、というふうに僕が言ったら、全然大丈夫だよと彼は言っていた。彼がローマに行ったことに関しては、すごいの一言だ。彼にも、おまえはすごいよと言った。トッティがいるいないの話など全然関係ない。

ベネチアからは三人の選手が去り、五人の選手が新たに加入した。去っていった選手はおそらく自分から出ていったのだろう。仲が良く、優しく接してくれた選手たちは、みんな出ていった。最初のキーパーだった選手、ダルカント、モエナの合宿で同部屋だったミチェーリ、ボルクベッロ、みんないなくなってしまった。ボルクベッロは家が近く、話し相手でもあった。彼は今度女の子を紹介するよなんて言いながら、結局紹介してくれる前にいなくなってしまった。

新しい選手の中では、まずミランから来たガンツがまわりから期待されていた。彼はミランの頃からラスト十五分ぐらいに出ていつも点を取っていた選手だった。当然ベネチアに入ると、スタメンになる。ユベントス、パルマ、インテル、ミラン、そういったビッグクラブに所属していた実績のある選手が入るのはすごくいいことだ。ベネチアはペトコビッチの穴をどう埋めるのかが重要であり、ガンツの加入は大きい。ガンツとマニエロは、Jリーグで言えば、森島と西澤明訓《にしざわあきのり》のような凸凹コンビだった。

さらに、最終ラインで誰か選手を採らないかなと思っていたら、同じくミランからゴッティを採った。彼はミランにいたプライドをもちろん持っていたのだろうが、それを見せることなく、すぐにチームに溶け込んだ。おとなしい選手だったが、素晴らしいディフェンダーで、しかもイタリアに来て二年目だったから言葉も完璧にわかっていた。

彼らが入ったことで間違いなく戦力アップするだろうと考えた。そして実際に戦力は上がった。

第十五節、ラツィオ戦。イアキーニが負傷し、前半終了間際に入った。三十分頃に突然アップを命じられたのだが、そこまで試合を見ていて、負傷者が出たとは気付かなかったため、一体どこに出るのだろうと思っていた。この試合でのプレイは安定していた。ボールがよく止まった。ただ休みを挟み、飛行機で往復したこともあって、体調は良くなかった。

ラツィオは首位を走るチームだった。勝てたのは、ホームアドバンテージもあるだろう。気温はマイナス三度で、グラウンドも凍っていた。向こうにしてみれば、やる気のない環境であったろう。逆に、僕らはインテルに勝ったことの経験が自信としてあり、強いチームともやれるんだと思っていた。精神的なものもあった。強いチームには簡単に負けたくなかった。それに運もあった。

いずれにしても、僕たちは下位にいたし、どこに勝とうと貴重な一勝であることに変わりはなかった。

第十六節バーリ戦。0対3の敗戦だ。

前半はまったくサッカーにならなかった。最初に得点された場面は、ロングスローで来たボールが僕の頭をかすめて、ぱっと見たらゴールに入っていた。自殺点だと思った。得点者のアナウンスがあったが、歓声で聞こえず、僕が入れてしまったのだと思っていた。誰かに確かめることもなく、それで落ち込んでいたのだが、ハーフタイムにモニターを見たら、僕が触った後に敵の右足に当たってゴールしている。これまでオウンゴールなんてした経験がなく、自分じゃなかったんだと思うと、ひとまずほっとした。元々ロングスローに対する対策が出来ていなかった。これまで一度もなかったため、自然と僕がマークに付いたのだが、あそこでロングスローがあるなら、もっと背の高い選手がマークに入るべきだ。ロングスローをやるチームとやらないチームがあるから、そこは前もって確認しておくべきだった。

この試合、ボールが止まっていた。前線の選手が動かず、僕は腹立たしかった。いや、動くことは動く。動かない選手はいない。ただ僕がボールを前に出したいと思い、前線の選手が足下に貰いたいと思った時、プレイにずれが生じる。それをどちらかの意見に合わせたい。僕がプレッシャーを受けて逃げた時、そこで味方の選手がディフェンスの裏に飛び出してくれればいいのだが、彼はそうせずに立ち止まり、パスを待ってしまう状態になる。それは勿論さぼっているわけではなく、習慣のようなものだ。呼吸が合わないことが腹立たしかった。そういったことを修正するには練習しかない。ただイタリアのサッカーというのはそういうところがある。基本的に動く人は少ない。イタリアにはサイドに流れていく人はあまりいない。有名なところではインザーギやモンテーラぐらいだろうか。これがイタリアのサッカーだと言われればそれまでなのだ。それはそれで仕方がない。

最後の五分ぐらいに交代となったのだが、それも例のペルージャ戦と同じように、意図のよくわからない交代だった。

第十七節、フィオレンティーナ戦。2対1の勝利。

体調はあまり良くなかった。体が重く、頭も鈍っていたが、かなり攻撃的に行けた。ボールもよく動いた。終盤に僕自身得点のチャンスがあったが、キーパーのトレドにすごいプレイをされてしまった。敵ゴール前、バルトリーナが入れたボールを三人ぐらいのディフェンスが見送り、僕がそこに走り込んでいった。ボールが僕の前に来た時点で、トレドは出てきていなかった。それがサイドキックでシュートしようと思った瞬間、いるはずのないトレドが目の前にいた。急いでパスしようと思ったが、先に触られてしまった。かわすことは出来たかもしれないが、かわしても取られたかもしれない。おまえが決めていれば、あの時点で勝負は決まっていた。試合終了後、スパレッティにそう怒られた。

フィオレンティーナに勝てたことは大きかったのだが、しかし他の下位チームもすべて勝っていた。上に追いつくことが出来ず、選手たちは苛立っていた。残留争いはますます厳しくなっていた。

ただ、年明けで折り返し、ラツィオ、バーリ、フィオレンティーナと続く中を二勝一敗で行けるとは誰も予想していなかった。状態は良かった。連勝さえ出来れば一気に十三位ぐらいまでは上がれる位置にいたのだ。

連勝が出来ないこと、それだけは痛かった。勝っても勢いに乗れず、引き分けを取ることさえ出来なかった。要因の一つに、メンバーをころころと替えすぎたこともあると思う。普通ならば勝った時のメンバーで次も戦うのだが、スパレッティは何故かメンバーをころころと替えた。

ところでセリエAでは試合に勝ったり、いいプレイをすると会長から賞金が出ることがある。

カップ戦でも勝った時、何故か会長が現れて、二回戦に勝ったら一人あたり何リラやるぞなんて言う。その頃はまだリラの単位に実感がなく、ピンと来なかった。十万円ぐらいかと思っていたら、びっくりするような金額だった。当時はまだ今ほど円が安くなかったからかなり大きかった。単なるカップ戦だというのに。日本ではチャンピオンシップで優勝してもそんな賞金はくれない。フィオレンティーナ戦の時も賞金が出るという話だったが、結局出なかった。口約束だからそういうところはいい加減だ。

第十八節、ウディネーゼ戦。

リーグ戦で初ゴールを決めた。シュートはキーパーが下を向いていたから逆サイドに打っただけのことだ。

ここまでリーグ戦で得点を取っていないことはまるで気にしていなかった。数字のことは気にしていないし、得点というのは取れる時は取れるものだ。逆に取ったことでまたマスコミがうるさくなるのかと思うと、嫌だったくらいだ。試合中にみんなから初ゴールおめでとうと言われたが、試合には負けていたのでそれどころではなかった。あの場面、マニエロからボールが出た。これまでにゴール前に顔を出すことは何度もあったが、マニエロにしてもペトコビッチにしてもボールをこっちに出すことはなかった。イタリアのフォワードは、自分のシュートレンジの広さに自信を持っているから、どこからでも打てると思っており、なかなかボールを出そうとしない。ガンツの場合は違って、自分のシュートレンジでも出すことがあった。

しかし試合には負けた。しかも2対5だ。敵フォワードのムッツィに活躍されてしまったのだが、僕が得点に繋がる大きなバックパスのミスをした場面もあった。ルッピから来たボールを、ハーフラインの十メートルぐらい手前の場所からバックパスをしたところ、ムッツィに渡ってしまった。あれは何百試合に一度するかしないかのミスだった。後ろから来ているとの声は聞こえていたのだが、僕はサポートが入るのかと思っているうちに、ムッツィがそこに現れてしまった。自分のトラップミスやドリブルミスの形でボールを奪われることはあるが、あんなバックパスのミスで得点されたのは滅多にないことだ。悔やまれる。

第十九節、トリノ戦。

最悪な試合だった。2対0で勝っているところに、後半十五分で出場した。ポジションは左ウィングで、監督からはボールをキープしろと言われていた。ところがボールはなかなか回って来ず、来たとしても僕がボールキープ出来るような周囲のサポートがなかったから、僕はどんどん中に入っていってしまった。そうするうちにロスタイムに二点入れられてしまい、引き分け。僕自身がミスして得点されたわけではないのだが、監督からは槍玉にあげられた。おまえのせいだ。おまえのせいで負けた、と。僕はそれが悔しく何か言い返した。僕が入った時点で、三点目を取れば終わる試合だったのだ。2対0の時点でトリノには攻めてくる様子がなかった。相手のボランチが縦に並んでしまっていたから、僕はそこでボールをつないで、はたけばいいと考えていた。しかし監督はとにかくサイドでキープしろと言う。名波開け！　試合中もずっと怒鳴っていた。

「それは違う」

と僕は思ったのだ。結局は、ロスタイムに二点、しかもオーバーヘッド気味にゴールを決められた。痛い引き分けだった。


ここで僕は日本代表としてカールスバーグカップに出場するため、ベネチアを離れている。抜けることに不安はなかった。トリノ戦でストレスが溜まっていたこともあり、代表には、新メンバーは増えていたものの、知っている仲間が大勢いる中でプレイするのは楽しかった。平瀬《ひらせ》智行《ともゆき》のような若い選手たちも部屋に出入りしていたし、年齢の隔たりもなく、付き合えた。チームが一つになっている感触があった。若手は上の世代に対してライバル心があるとは思うが、ワールドカップの頃のような一つにまとまった雰囲気が出てきたと思う。

代表ではベネチアとはまったく違うサッカーが出来た。そこには自分が理想としているサッカーがあった。

その間にチームはローマと試合をしていた。電話で試合結果を聞いた。0対5の敗戦。何も出来なかったらしい。驚いた。

「どういうことだよ」

と思った。

そして僕がベネチアに戻って来た時、再びスパレッティは消えていた。まず最初に思ったことは、次の監督が悪かったら、彼はまた帰ってくるのだろうかということ。冗談もいいところだが、そうしてくれれば面白いのになと思った。呼ぶ方も呼ぶ方だが、帰って来る方も帰って来る方だ。

三人目の監督として、新しくオドーを迎えた。今回は前回のようなミニキャンプのようなものはなかった。日曜日の試合に向けて、前々日からホテルに宿泊して練習をするようになったぐらいだ。

戦術は何も変わらなかった。さらにシンプルになってしまったぐらいだった。それにくわえ、監督はメンバーのことを把握していなかったようで試行錯誤していた。

ここまでころころ替わると、監督の力は関係なくなってくる。短期間ではチーム作りは非常に難しい。戦力と適正なポジションをいかに見分けられるかだろう。新たにゴッティが加入したこともあって、ディフェンスに関しては締まるのではないかと思った。

オドーは僕をサブとしか考えてなかった。それでも僕はいつもの通りにプレイするだけだ。今までもそうだったから仕方がない。はじめのうちは、そう思っていた。サブにも慣れたよという感じだ。

ところがその傾向はさらに進む。僕は完全に戦力外となってしまったのだ。その後、僕はベンチにさえ入れなくなる。考えてもいなかったことだ。

第二十二節、ユベントス戦。この時は先発だった。怪我人が多かったということもあるのだろう。引き分け狙いで、勝ち点を狙うために守備的に戦おうという指示だった。よく守っていたのだが、不可解なPKで先制点を奪われてしまった。

前回対戦した時とは大きく異なり、ダビッツやジダンの調子も上がっていた。インザーギにはハットトリックを決められ、デルピエーロにもPKを取られた。そういった役者が揃ったチームに対して何も出来なかった。しかも結果以前に、ゲーム内容に関してもまったくベネチアらしいサッカーが出来なかった。

選手たちの間には残留争いに対する諦めのムードが漂っていた。この時期怪我人が多かった理由は、疲れというよりも、残留が危なくなってきたことも挙げられる。残留が難しくなると、やる気のない選手も出てくる。そうすると、もう今季は怪我しないようにやり過ごし、来季のために体を休めようと考える選手が出てくる。非難するつもりはない。そういった選手はずっとそう流れて来たのだろうし、僕がどうこう言うものでもない。それを非難するのは日本人的な考え方なのだと思う。そういった考えもプロ意識と言えばプロ意識なのだから。ただ僕とは決定的に考え方が違うし、ただそんな人もいるのかというだけのことだ。

僕自身はまだ残留したいと思っていた。決定的になるまでは諦めるつもりはなかった。

第二十三節、インテル戦。出番はなかった。前回は勝ったというのに、今回は0対3の敗戦。このユベントス戦とインテル戦の連戦は、タレント軍団との戦いであり、はじめから厳しいことはわかっていた。こちらとは技量の差がある。それが顕著に出た例だろう。

監督も何とかこの状況を打開しようと、動こうとはしていた。ホテルに二日前から宿泊して練習をすることもそうだろう。ミーティングも徐々に長くなった。回数も増えていった。しかしそれが結果には出なかった。やはり選手たちも言っていたが、監督はスタメン、内容、戦術などすべての面でころころと替えすぎていた。

第二十四節、ペルージャ戦。メンバー表に僕の名前はなかった。

怪我をしたわけでもないのにスタンドから試合を観戦したことなど、プロになってからはじめてのことだ。

その日も二日前から宿泊し、練習をし、いつものようにミーティングが行われ、当日メンバー表を見て知った。僕と同じようにベンチを外れた選手がいた。同じポジションの選手だった。監督は攻撃的な選手を外し、守備的に試合を展開し、1対0で勝とうと考えていたのだろう。試合は先制され、追いついた。その後、ベンチワークでの交代が行われたが、それが上手くいっているとは思えなかった。ベンチに控えたサブの選手の中には、オフェンスの選手が一人もいなかったのだ。結果、敗れた。残留争いのライバルであるチームに勝ち点3を持って行かれる結果となる。ベネチアにとっては辛いことだ。

僕には何も言うことがなかった。

6

ジュビロというチャンピオンチームからベネチアへ移籍し、大学時代をのぞけば、これまであんな順位まで落ちたチームにいた経験はなかった。戦力から考えて、ある程度の予測はしていた。しかしここまで成績が悪いとは思っていなかったのだ。

あのような経験はするものではないのかもしれない。最下位争いというのは、してはいけないものだと思った。

しかしそこでの僕の立場、それを挫折と捉えられると、異論がある。以下は、この時期について僕がインタビューで語った言葉だ。

「説明はあったのですか？　ベネチアの監督から、この試合はこういう理由でおまえを外すというようなことは」

「無い」

「無いんですか」

「聞こうとも思わない」

「その聞こうとも思わないというのはどういう理由ですか？」

「聞いたところでもう最終節にも近く時間的にも少なかったし、今まで通り別に手を抜かずに練習やってればいいかなって」

「じゃあ、それは逆に自信があったというか、自分自身は変わってないという？」

「全然変わってないです。ただ、その監督の戦術に合わなかっただけ。起用されたポジションが色々だったけど、自分のベストの所で勝負させてもらってないっていうのもあったから」

「やっぱり大きいのはスタイルというか、監督との意見の違いということだけなんですね？」

「そうですね」

「自分が悪い時だなという感じがあったんですか？　今良くない状況に置かれてるという自覚みたいなものが。それともこれはプロとして当然というふうに？」

「もちろんそう思ってましたよ。どの監督も俺の力を認めてなかったという……。俺の力を認めてなかったって言い方は悪いけど、なんというか、これぐらいまでできるんだっていう俺のラインと、監督のラインとが違ってたんじゃないかと思いますよ」

「監督に伝えることが出来なかったことなんですか、それは」

「もちろん、出来てないときもあったし、それはまちまちだけど、俺のやりたいポジションでやれてなかったのが一番大きいですよね」

「いくつか左サイドをやったり、最後の方は一番前というか、一・五列目みたいなポジションをやったり、そういう色んな所をやるっていうのはやっぱり自分のプレイがどんどん出せなくなっていくものなんですか?」

「いや、のちのちは、やっぱプラスになるだろうけど、うーん、やっぱこのポジションで生きていこうと思ってないポジションでやらされる訳だから、その辺はちょっと辛かったね」

「自分が一番生きるポジションというのは、ようするにボランチよりちょっと前?」

「うん、俺はボランチとかボランチよりちょっと前っていうか、その辺でうろちょろしてるのが一番いいんじゃないですか」

「割と自由に動けるという感じですか?」

「うん」

「ベネチアで、そういうポジションで練習やったことはあったんですか?」

「練習じゃたまにやってましたよ」

「試合では何試合か、結果は実際出してますよね?」

「うん」

「その、望むポジションが伝わらないもどかしさというか、怒りとかそういうのありました?」

「いや、ないですよ」

「ない? その時は何も思わない? どんな感情が?」

「なんだろ。いや、だからそこに人がいないときにそこに使われて、結局は二番手、三番手とかそういう順番待ち状態みたいだったから、やっぱり、監督にはどこかで〝日本人〟として見られてただろうし、力を信じてもらえてなかっただろうし、選手は認めてくれてたと僕は思ってるんですけどね。接し方とか、まわりの配球の仕方とか見てても」

「それはすごく見てて感じたというか、例えば中田さんがペルージャ行った頃に比べればはるかにボールが名波さんに回って来ていた。すごく選手から信頼されてるなぁっていうのは見ていてわかりました。そういうギャップはどうやって克服を？　ストレスは溜まらないってことなのですか？」

「いや、もちろん溜まるけど、今まで生きてきてずっとそうだったけれど、やっぱり溜めたストレスというのはサッカーで発散することが多かったから。サッカーで溜めて、サッカーで発散っという。その繰り返しじゃないですか。俺だって怒ることあるし、へこむ時だってある。泣くことは滅多にないけど、当然いろんな感情がある。でも、いちいち一試合一試合へこんでたらさ、きりがないっていうか、こういう仕打ちにいつかなるだろうって思って、それを覚悟の上で行ったわけだしね。もちろんその時その日は悔しい思いはしてる。なんだよあの監督、あのサッカーは無いだろうとはなるけど、人間的に何であの監督のヤロウとはなんないでしょ」

「負けず嫌いですか？」

「昔は異常なほどだったけど、今はそうでもない。でも負けたら悔しいよそりゃ。じゃなきゃ選手やめたほうがいいかもしれない」

「そういう名波さんの弱音を吐かない所が多分、みんな好きなんだと思うんです。ただ嫌らしい所があって、そういう弱い面も見たいなって思うんでしょうけど」

「俺はまわりにいる仲間がいい奴が多いから、なるべくこう愚痴を言わせないような状況を作ってくれる。例えば、帰国してきても、サッカーの話題に一切触れないとか、そういう俺の近況のことは絶対知ってんだけど、聞かないとか。気になってて、聞きたいんだけど聞かないみたいなそういう状況にある。じゃ俺から喋ることもないしなって風になるでしょ。愚痴言いたかったけれど、こいつらの顔見てたほうがいいかって話になるからさ。そういうのがずっと続いて積み重なって、現在に至るから。だから向こう行っても何の変わりなく、国際電話が掛かってきても、その友達のまわりの話とかばかり。そっちはどうよ？　って言われても、今暑いよ、寒いよとかそんなレベルで終わっちゃうから。だから、そういう、ちゃんと状況を把握できる奴らが周りにいたっていうのはすごく恵まれてると思いますね」

7

ファンの人たちが思っていたような悲観的な考えや、いわゆる悲愴感なんてものは僕にはまったくなかった。確かに他人から見れば、落ち込んでいると思われても仕方のない状況であったかもしれない。しかし、自分ではそんなことはなかったと言い切れる。

何故なら、自分には確かに見えているものがあったからだ。どうすればいいのかわからず迷ってしまうようなことなどない。たとえメンバーを外されても、サブからのスタートでも、僕にはこうするしかないんだというものがあった。一つ一つのケースに、自分のプレイを照らし合わせ、次にこうなったらああしよう、さらに次はこうしようと自ら描いていた。僕には僕のしようとしていることが常にあった。

ベネチアの降格はラツィオ戦で決定した。僕は契約上、セリエAから落ちたらチームを離れるということになっていた。

その時点でも僕は落ち込んではいなかった。まだ全試合終わったわけではなかったが、一年を通してプレイしてみて、本当にいい経験をしたという実感があった。

先日も友人に言われた。

「これまでずっと日の当たる場所にいたのだから、ベネチアに行ってはじめての経験が出来たのは良かったのではないか」

僕もそう思う。いや、結局チームはセリエBに落ちたわけだから、良かったなんてことはない。ただ、試練の年だったのは確かだ。あれは、試練だった。

行ってみなくてはわからないことが肌で感じられた。サッカーがすべてという生活も出来た。試合はもちろんのこと、私生活においてなかなか出来ない経験をしたと思う。まだまだ知らないこともたくさんあると思う。イタリアという国の考え方、選手の行動、おぼえたこともたくさんあるし、まだまだ知りたいこともある。

ただ心残りなのは、自分のチームがセリエBに落ちてしまったことだ。シーズンの終わり、僕は長く戦列に入れずにいたが、ラスト三試合に立て続けに出場している。こんなところで使うなと言いたかった。使うならもっと早く出して欲しかったというのが正直な感想だった

その三試合はドリブルする場面が多かったと言われる。周囲の選手を信用していなかったわけではないが、サポートには来てくれないことがわかっていた。それでも注文はし続けた。

「ガンツ！　もっと顔を出せ！」

ラツィオ戦ではボランチをやった。いい仕事が出来たと思う。優勝したラツィオ相手になかなかいい試合が出来た。アシストも一つ決めている。これまでに出られなかった分のストレスが解消出来た。最後のフィオレンティーナ戦ではチームの調子が良かった。負けたのは僕のせいだったかもしれない。流れは悪くなかった。バティストゥータが非常に好調だったのだ。

シーズンを終え、ベネチアの成績を通してみても、本当に黒星が多いなと思う。金星もたしかにあった。勝ったのは金星だけだった。けれどもどこに勝とうが、一勝は一勝だ。

セリエAでは常に大きな金が動いている。イタリアカップのような小さな大会でもJリーグのチャンピオンシップよりも収入が大きいはずだ。公営のトトカルチョもそうだし、ひょっとしたら闇のギャンブルも行われているかもしれない。スポンサー料なども含めると、莫大な金が動く。

セリエAの良いところは、とにかく世界中のタレントが揃っていることだろう。つまり、選手を売買するシステムが出来上がっているということだ。選手を売買し、良いチームを作り上げていく。それに成功したチームはリーグでも勝てるし、また下位のチームは下位のチームでUEFAカップ出場が目標であったり、残留が目標であったりする。セリエAにはそういった明確な目標が幾つもある。上に行くほど狭まっていくピラミッドのシステムが構築されているのだ。

さらに姉妹チームのようなものがある。ミランとベネチアであったり、ローマとパルマであったり、会長同士が仲が良く、それぞれに組み合わせが出来ている。あるチームからあるチームへの移籍がしやすいとか、あるチームからあるチームへは絶対行けないとか、そういったことがある。その意味で、ベネチアとミランは相互に行き来しやすい。そのシステムは日本にも出来つつある。

セリエAに選手が集まるのは、ビジネスの下地があるからこそだ。

だから、最高のサッカーをしているのか。最高のサッカーというのは各チームのカラーによって異なるから、そうとは限らない。セリエAは決して世界最高のリーグではない。先日、何かの本を読んでいたら、ストイコビッチも僕と同じ考えを持っていた。セリエAとは世界最強のリーグというのではなく、世界で一番厳しいリーグだ。

何よりも勝利優先主義ということがある。その意味でサポーターもマスコミも、そしてもちろん選手も厳しい。その中で一シーズンプレイしてきて、勝つためのサッカーというものも必要なのだと感じた。

自分の何が通じて何が通じなかったのか。そんなことは考えてもいない。少なくとも自分自身の現状の力で、イタリアのサッカーを窮屈だと感じたことは一度もなかった。

世界中の多くのタレントともプレイ出来た。みんな、すごかった。すごいと思った。例えばロナウド。こいつ、うめえ！　試合中にそんなことを思うほど上手かった。僕には絶対出来ないこともやってのける。速い選手はただ、はえーと思うだけだが、技術的にすごい選手はやはり見入ってしまう。ロナウドであったり、ジダンであったりだ。

第四章　最初で最後のW杯

1

早いもので、二〇〇二年、日韓で行われるワールドカップも目前だ。しかし、僕にとっては生涯、あのフランス大会のことを忘れることは出来ない……。

ワールドカップフランス大会アジア最終予選、ホーム国立競技場での韓国戦に敗れた時、僕はホテルから二日間出なかった。

負けてしまった。劇的でありながら、ころっと負けてしまった。何故韓国戦になるとあんな試合になってしまうのだろうか。

僕らにはその時日本代表のするサッカーに対して誇りがあった。

「日本は今いいサッカーをしている」

と思っていた。しかしあの試合で、その日本の中盤が機能しなかった。結果以前にゲーム内容がよくなかった。勝ちたいという思い。日本と韓国双方の、勝とうという思いは頂点に達していた。そして韓国が勝った。グループの最大のライバルに勝った。彼らにとっての一番のライバルはこの一戦で死に体になったのだ。

ショックで、立ち直れない。沈むところまで沈んだ。これまでそんな思いをしたことはなかった。この試合に対しては、それだけの意気込みがあったのだ。

この時、以前の自分にはなかった思いがあった。いつからか自分の中に芽生えていたある思いがあった。

一つには、ワールドカップという大会自体の偉大さ。

そして日本代表というものの偉大さ。それが骨身にしみてわかった。周囲から押しつけられた誇りではなく、自分たちが感じている誇りだ。周囲からのプレッシャーとはまったく関係なく、僕たちが日本代表の偉大さを感じていた。

僕は心から、ワールドカップに行きたかった。

これは名波浩の人生にとって、最大の大会だった。そして二十五歳の僕は、

「これが最初で最後のワールドカップだ」

と公言し、事実そう考えていたのだ。

今もそう考えている。二〇〇二年のことなど微塵も考えていない。入っていればいいという感じであり、絶対に入ろうとは思わない。代表に関してはやれることはやったという思いがある。最終予選の時に感じたほどの代表に対する意気込みはもうなくなった。二〇〇二年には予選がないということもある。

アジア最終予選。あれは人生最大の大会だった。日本のワールドカップ初出場というものに携

われること。それは僕の生涯で、最も大きな仕事であると考えていた。

小学校の時からサッカーをやってきたものすべてをそこに背負っていた。はじめて、西ドイツ対フランス戦を見た時から、こうなればいいなと思い、ただ当時はもう漠然と思っていただけだったことが、いつのまにかそこに引き込まれることになっていた。

2

はじめてワールドカップを見た、一九八二年のスペイン大会。準決勝の西ドイツ対フランス戦。僕は九歳だった。

その時はそれが、世界最高峰の大会だなんてことを知らずに見はじめていた。テレビを点けた時にはすでにはじまっていて、はじめはこの試合は一体何なんだろうと思いながら見ていた。その時スコアは1対1の同点、テレビゲームみたいだ、それが僕の最初の感想だった。そして延長に入ってからは、ただただ、すごいの一言。フランスが延長で二点入れて、3対1とリードしながらも西ドイツに追いつかれ3対3のままPKになり、西ドイツが勝利。試合内容はノーガードの打ち合いで、今見れば、こんなつまらないサッカーはないと思うのだが、当時はとにかくしびれた。中盤はがらがらなのだが、ゴール前は世界レベルであり、九歳の僕にとってものすごいインパクトだった。

僕の印象に残ったのはフランス代表の10番プラティニよりも、西ドイツのルンメニゲ。そしてリトバルスキー。フランスでは、ティガナ、ジレス。あとフォワードのロシュトー。延長に入ってから彼が西ドイツのキーパーのシューマッハに肘打ちされて救急車で運ばれた。その激突が非常に印象に残っている。ゲルマン魂という言葉をそこで覚えた。

自分が出るなんて想像もしなかった。自分の住む世界とは別の世界の出来事だった。ルンメニゲのことはすごいと思ったが、一緒にプレイしたいとは思わなかった。まるで想像上の世界、映画を観ているような思いで僕はその試合を見た。そして来年も見ようと思った。四年に一度の大会だとは知らずに。

それ以来僕はその試合を見ていない。

日本代表とはと聞かれたら、僕はまず先駆者という言葉が浮かぶ。日本のサッカーレベルを上げた人たち、ということだ。日本のサッカーを反映する選手たち。決して日本で最もうまい選手たちが集まっているのとは違う。

監督の影響も大きい。次から次へと監督が替わっていく中で、常に代表に入り続けている選手というのは、やはりすごい。

そういった日本のサッカーを代表しているという意識が僕の中に芽生えたのは、実はワールドカップフランス大会のアジア予選を突破した後からだ。それまでは自分のことを考えるのが精一杯だった。調子が悪いときは自分に腹が立ったし、人のことまで考えられなかった。

あの予選は間違いなく、人生最大の出来事と言える。

はじめて代表に選ばれたのはJリーグに出場しはじめてまだ八試合目ぐらいの頃だ。まず代表選考会に呼ばれたのだが、嬉しさよりも、あまりに早い時期だったため、

「加茂監督は僕の何を見ていたのだろうか」

と思った。代表というものを身近に感じていなかったし、入りたいという目標も興味もなかった。その後すぐにブラジル戦を最後にラモス瑠偉《るい》さんが代表から退くということもあり、新しく二列目のゲームメーカーみたいなものを探しているのだろう。そう解釈した。と同時に、

「僕なんかでいいのだろうか」

とも思った。同じく二列目の候補として、俊哉、森島らも呼ばれていた。

その後正式に代表に選ばれた。Jリーグにデビューしてから四ヶ月後、八月の試合だった。当時の代表にはまだラモスさんがいて、柱谷哲二《はしらたにてつじ》さんがいて、その中に入って、ひどく緊張した。話が出来る友達もいない。森島がぽつんといるのを見て、こいつしか喋る人はいないじゃないかなんて思った。その時のメンバーでコンビネーションが合うと思ったのは、やはり彼だったし、高校の時から県選抜で共にプレイしており、腐れ縁のようなものだ。

当時はまだドーハ組の選手たちが大勢いた。初めて話す人ばかりだった。井原正巳《いはらまさみ》さん。今で

こそ、井原っ！　なんて気安く呼んでいるが、当時は井原さん。井原さんは優しい人で、自分から後輩にどんどん話しかけてくれる。メシ行くぞなんて具合に誘ってくれる。しかし当時は話し辛い人も大勢いた。新人にとって、代表はやはり怖いものがある。

二回目の招集で岡野が入ってきた。岡野が来て、柳本啓成《やなぎもとひろしげ》が来て、それでようやく友達が増えてきた。それまでは本当に森島しかいなかった。

そうして徐々に同世代の選手たちが集まってきて、自分たちの世代が代表の一員となっていく予感があった。しかし僕は、まだまだドーハ中心で形成されるだろうと思っていたし、自分の立場がどこにあるのかもわかっていなかった。一試合一試合、一回一回の遠征を、必死にプレイした。周囲のことなど何も考えていなかった。代表に入ったばかりで日本代表はこうあるべきだなんて思うわけもない。今現在の心境とはまったく違うものだ。

柱谷哲二さんからは多くのことを教えてもらった。ナナ！　ナナ！　ナナ！　後ろから聞こえてくる哲さんの言葉は常に僕に向いていた。すべて僕なのだ。当時の僕の集中力の無さを指摘してくれていたのだろう。五分プレスすれば、五分消える。自分にはそういった面があった。

「ナナ！　ナナ！」

うるさいなと思いながらも、哲さんのその声に必死に従った。

「ボランチをやってみないか？」

代表に入ってしばらくした頃、思わぬことを加茂監督から言われた。はじめは何を言っているのだろうと思った。次の遠征でボランチをやってくれというのだ。間近にデンマーク遠征があることを僕は知らなかったため、どうせ先の話だろうと思っていた。冗談だろうと思っていた。どうせ遠征に行く頃になれば加茂監督は忘れているだろう、と。しかしその一ヶ月後、デンマーク遠征が行われた。

自分なりにこなせたと思う。しかし、代表でのボランチにそこそこ慣れても、チームに戻ると二列目をやるということの繰り返しが続き、難しい面はあった。

当初は拒否していたが、今ではボランチというポジションは気に入っている。ボランチは、すべての起点になる。守備の第一の壁であり、攻撃の第一歩である。さすがにボランチをマンマークしてくるチームはないから自由にプレイ出来る。

3

ワールドカップフランス大会予選がはじまる前、僕の予想は悪いものではなかった。実際それ以前の代表の試合は悪くはなかったのだ。

ところが、アジアカップのベスト8でクウェートに0対2で敗れてから、状況が変わってきた。カウンターで負けたことが様々な形で余波を生んだのだ。僕が驚いたのは、これまでジュニアユース、ユース、オリンピックとやってきた中で日本をマークする国などなかったのが、アジアカップでは違っていたことだ。シリア、ウズベキスタン、中国と予選で戦った三チームは日本相手に過剰にディフェンスを引いて守り、そしてクウェートの徹底したカウンターサッカー。いつのまにかアジアは日本を認めていたのだ。

「日本を相手にこんなサッカーをするのか」

僕は認識をあらためた。

世間では、日本は引かれた時に弱いと言うが、それは日本に限らずどこの国でもそうなのだ。引かれると点が入り辛いのは当たり前のことだ。ヨーロッパを見ていてもそうだ。例えばノルウェーやスロバキアのように百九十センチを超えるような長身の選手が何人もいればこちらからも大きく蹴り返してやれば済むことだが、日本は違う。日本のように、きちんとボールを回してゲームを作っていくスタイルでは引かれた時には厳しくなる。それはどこも同じことだ。

アジアではそんな風にボールを回すチームは日本くらいだろう。だからこそカウンターで戦ってくるチームには負けたくない。日本のサッカーを見せて勝ちたいという誇りがある。カウンターのチームに負けるのは悔しい。そう考えれば、ベネチアに負けたチームはさぞかし悔しかっただろう。

ちょうど前園と入れ替わるようにして、ヒデが入ってきた。その瞬間、アジアカップで悪かったところ、代表の問題点がすべて世間から忘れ去られたようになってしまった。それは前園が外れて、ヒデが入ることで解決出来るようなことではないはずなのだ。
「代表は間違った方向に向かってしまっているのではないか」
と選手同士で話をしたおぼえがある。チーム自体は何も変わっていない。メディア、サポーターと選手との意識がずれている。僕自身もそうなのだが、新しいものが入ると必要以上に嬉しくなってしまう。とにかく新しいものを欲しがってしまうのは日本人の悪い面かもしれない。

最終予選に臨む時点で、ヒデ、山口素弘《やまぐちもとひろ》さん、僕の三人で作る中盤は徐々に出来上がりつつあった。しかし完成するのはまだまだ先のことだ。

初戦ウズベキスタン戦は大勝した。しかし、予選前に感じていた不安は全く消えなかった。あの試合は6対3だった。勝ったことよりも、三点取られたことがショックだった。ウズベキスタンというチームはアジアカップで戦った時よりもチームとして機能しており、アウェーでは相当厳しいだろうとも思った。その後、カザフスタン、ウズベキスタンと続くアウェー二連戦はまったく未知の戦いになるのだ。

続くUAE戦。あの試合、僕は死んだかと思った。あの暑さは体験してみないとわからない。もちろん相手チームもあの暑さの中で動けていなかった。正直言って、あんなところでは二度とサッカーをしたくはない。ホテルなどの環境自体は良かった。最高のホテルに泊まり、食事は日本食だった。しかし僕はあの試合で、アウェーの怖さというものを知らされた。

そして韓国戦。このホーム国立競技場での試合こそ、予選を苦しくした第一段階だ。UAE戦での引き分けはさして問題ではなかった。韓国に勝てば、韓国が勝ち点6、日本が7になる。緊張していたが、まだ苦しさはなかった。

山口さんの劇的なループシュートで先制した。選手はそんなことなかったが、この時点でスタッフたちが泣いていたほどのゴールだ。あの場面であんなことが出来る選手は日本人にはまずいない。山口さんにしか出来ないことだ。彼は、ああいったプレイをひょうひょうとやりとげる。あのフリューゲルスのキャプテンとしてずっとチームを引っ張ってきた人だから出来たプレイだ。あのゴールで、山口さんは僕の中で好きな選手という位置づけから、尊敬する選手に変わった。

ところが、その後、完全に韓国の戦術にはめられてしまった。日本のサッカーがそこにはまってしまったのだ。韓国はヒデにマンマークを付けてきた。それだけではなく、僕にまでマンマークを付けてきた。しかもそれが攻撃の核となるはずのユ・サンチョルだ。何故彼が自分に付いているのかずっと疑問だった。そして忘れもしない、ソ・ジョンウォンのヘディング。僕はあの一瞬を一生忘れないと思う。この試合に負けたことで、予選を一位で自動通過するということがほとんど不可能になってしまった。

そして、僕はホテルから二日間出なかった。試合のことを考え続けていた。確かに落ち込んではいたが、予選自体がダメだとは決して思っていなかった。

最終予選に入る前からある程度の星勘定はしていた。四勝四分けで勝ち点20であるとか、あるいは五勝三分けであるとか。ホームですべて勝って、アウェーですべて負けても二位以内は確実で、多分一位もいけるのではないかと思っていた。どのぐらいの勝ち点が必要なのか、そしてそれを裏付けるために一試合一試合、この相手にはこうして、この相手にはこうしてという具合にシミュレーションをしていた。それらがすべて根底からくつがえってしまったのだ。あとはもう一つ一つやっていくしかない。それは僕だけではなく、全員がそう思っていたはずだ。

僕が抱えていた思いを他の選手に話すことはなかった。僕の抱えていた思いは僕の思いだ。他の選手たちがどう思っていたかはわからない。しかし、おそらく他の選手もそれぞれにショックを受けていたとは思う。少なくともやる気のない選手は一人もいなかった。誰かがやる気をなくしたような素振りをするのを目にしたことはなかった。その点で僕は、一体感を感じていた。

一つ負けたことで、この次負ければ終わりという状況であり、重圧はあったと思う。

さらに、メディア、サポーターなど外部からの声も届いてくる。選手選考についての意見、批判。試合内容の予想。そういったことを聞かされると、期待を感じると同時に、プレッシャーも感じる。これだけの重圧の中でプレイすることはもうないだろうと思った。今までにない重圧。これまで越えられなかったアジアの枠を越えること、そして自分自身の力試し、そして周囲からの期待。それらが合わさった重みを感じ続けながらの三ヶ月だった。

韓国戦での敗戦を引きずったままカザフスタンに入った。引きずったまま試合をし、そして引き分けた。はじめの星勘定から考えれば、アウェーでの引き分けは計算のうちだった。計算外だったのはホームでの韓国戦だけなのだ。結果的にはそう考えることも出来たが、やはりあの一敗はとてつもなく大きいものだった。その後一ヶ月にわたり、チームを勝てなくしてしまったのだから。

勝つことの困難さ。アウェーでの戦い方の難しさ。様々なものを含んだ壁にぶち当たっていた。はじめの星勘定のことなど忘れ、この時のカザフスタン戦は勝ちたかった。知らず知らずのうちに自らを崖っぷちに追い込んでいたのだ。

戦い方に不安があり、足りないものがあったのだと思う。勝てなかった理由を言葉にするのは難しい。一つの目標に向かっている中で、不透明なものが増えていったのだ。戦い方はもちろん、生活レベルにおいても。

僕は周囲からのプレッシャーに押しつぶされそうになっていた。批判が、カズさん、相馬《そうま》直樹《なおき》、そして僕に向けられた。普段通りのプレイが出来なくなった選手に向けられた。僕はそれを聞き流すことが出来ずに、真正面から受け止めてしまった。

当時はあまり新聞やテレビを見ていなかったが、批判の声というのはどこからか自然と入り込んでくる。ビデオを見たりして心を落ち着ける余裕がなくなっていた。とにかく早く、早く抜け出したかった。プレッシャーの中で、本来のプレイが出来ない。そんなことはそれまでになかった。何よりあのような三ヶ月にもわたる長期の大会も経験したことがなかったのだ。技術に問題はなかった。それを支える精神の問題が大きかった。

狂っていったのは、僕の技術や体力などではなく、精神そのものだった。

遠征の期間中は気晴らしのためにトランプをしたりテレビゲームをする。昔のドラマのビデオを見て泣いている選手もいた。どうしてもサッカーのことばかり考えて煮詰まってしまうのを避けようとした。違うことをしよう。違うことを考えよう。想像出来ないほどのストレス。アウェーに行って帰ってくる遠征と遠征の間のわずかな区切り、そんなわずかの時間に僕は家にこもった。二、三日休んでまた試合がある一週間前に合宿に入る。僕はそのほんの短い時間を家にこもり、東京にいればホテルにこもり誰にも会わずに過ごした。

道を歩けば声をかけられる。外で食事をすれば批判の声を聞く。予選以前から声をかけられることぐらいはあった。しかしその頃は、お、名波だと言われるだけで済んだものが、予選の最中は、次の試合はああしろこうしろという域にまで話が及ぶ。マスコミが盛り上げてくれ、クローズアップされたことで大イベントとなり、サポーターだけでなく一般の人もみんなが日本代表の戦いに対して意見を持つようになった。

「あいつが悪い」

「あの場面はこうしろ」

そんなことを街ですれ違う人に言われる。グラウンドで新聞記者と話していても彼らの口調がこれまでとは違って、自分たちの意見を、批判を表に出すようになってきた。

応援してくれるのは嬉しい。見ている人には楽しんで欲しい。しかしそんな風潮ではなくなってしまった。選手にしかわからない、スタッフにしかわからないような領域にまで踏み込んで発言するような人が出てきた。僕らがわかっているようなことを言う。それは個々の感想などではなく、批判した評論家の意見に乗った顔のない世論のようなものだった。

オリンピックなどでもそうだが、日本中がヒステリックになって、プレッシャーをかけてくる環境の中、僕らにはそのストレスを発散する方法がなかった。ただ我慢をしていた。

しかし、孤独ではなかった。

昔マラソン選手が重圧から自殺したことがあったが、僕にはそのマラソン選手とは異なる点があった。悲愴感はあったが、孤独感はなかった。僕らはマラソン選手と違って、チームで戦っていた。共にいるチームメイトたちが盛り上げてくれた。試合に出場する機会がなくても遠征には常に帯同していた選手たちがバックアップしてくれた。岡野、本田《ほんだ》泰人《やすと》さん。彼らがストレスを和らげてくれた。

4

カザフスタン戦の夜、選手たち全員が集められた。

ホテルの会議室のような場所に入ると、選手たちが座っており、向かい合った四つの席には協会の人々が座っていた。加茂監督の姿はなかった。そして協会の人々の口から、加茂監督更迭の話を聞かされた。

まったく予想していなかったことだ。何故この状況で監督が替わるのか。岡田《おかだ》武史《たけし》監督じゃいけないということではなく、今まで二年かけて作り上げてきたチームをこんなに簡単に変えてしまっていいのか。変えるとしても、このタイミングでいいのか。

確かに監督が替わるということで、新しい空気が入ってくるプラス面もある。しかしこの状況において、それは違う。これで勝てるのか。加茂監督一人に背負わせ、加茂監督一人を切ってしまうことで本当に勝てると信じているのか。選手たちの誰もが疑問に感じていたことと思う。

そこで加茂監督に失格の烙印を押す言葉を聞かされた。加茂監督をねぎらう言葉は一つもなかった。前向きな感情がまったく感じられない言葉だった。

その場にいた選手全員の血の気がさあっと引いていくのが感じられた。隣に座っていた選手が全身を震わせているのが見えた。今にも飛び出して行きそうだ。

協会の人々が部屋を出ていくのと入れ替わりに、廊下で待っていた加茂監督が入ってきた。加茂監督は、

「そういうわけや、まだまだ何試合もあるから希望を捨てるな。がんばれよ」

と言った。

誰も加茂監督に返せる言葉もなかった。

そして加茂監督も去り、次に部屋に入ってきたのが岡田監督だった。岡田監督は、俺がやるからというようなことを言った。そして、

「ただし、次の一試合のみだ」

と付け加えた。とりあえず暫定監督として次のウズベキスタン戦のみを指揮すると、淡々と語った。

新聞紙上には、協会は投げた、と書いてあった。

味方がどんどん減っていくのを感じた。ただチームメイトだけが残った。仲間はもう選手しかいない。

チームの基盤を作ったのは加茂監督だった。そして、加茂監督は僕を選んでくれた監督だった。代表という場を与えてくれたことに感謝している。親善試合も含め、様々な強いチームを相手に良いゲームもしてきた。

監督が更迭されるということは、自分たちに責任があるという思いが強い。同じ立場にいるのではないのか。確かにプロとしては監督が替わろうとも続けていかなくてはいけないのは事実だが、単純に仕方がないの一言では済ませられない。

僕は監督の採点のようなことをしたことはない。基本的に選手にとっては勝てばいい監督であ

り、使ってくれればいい監督だろう。監督の責任といった問題は一概には言えず、僕にはよくわからない。

複雑な思いが渦巻いていた。

その夜、チーム全体に悲愴感が漂う中、選手たちだけでホテルの一室に集まった。

井原さんが声をかけたのだが、それぞれに自然と暗黙の了解のように集まった。ホテルには寝泊まりする部屋とは別に、選手たちが集まれる場所として一部屋用意されている。僕がその部屋に行ってみると、小島伸幸《こじまのぶゆき》さんがクーラーボックスを開けてあおるようにビールを飲んでいた。小島さんがおまえもやれよと言ってビールを差しだし、僕は受け取った。

ほぼ全員が集まった。ホテルの一室だから本当に狭い場所に、膝を付き合わすように全員がいる。

僕は隅の方で森島と共にちびちび飲んでいた。あっというまにものすごい量のビールが減っていった。狭い部屋に集まった様子はまるで学生のようだった。僕はそれほど飲まなかったが、深酒している者もいた。本田さんと西澤は冗談半分に喧嘩していた。岡野は素っ裸になっていた。僕はみんなの素顔を見た気がした。僕は共に騒ぎながら、同時にみんなの様子を見ていた。年長者も若手も一緒になって騒いでいた。それまでそんな場面はあまり見かけなかった。加茂監督が更迭された結果の集まりだったが、そのことを話し合うような場ではなかった。ただ集まっただけだ。次の試合こうしようとか、この間のはこうだったからとか、そういった反省会ではなく、男同士がただ杯を交わす、それだけ。くだらない集まり、くだらない会話の中で、僕らはチームメイトなんだと感じた。一体感があった。チームは一つなのだということを確かめた。そして、改めてこういう場を作ってくれた井原さんを筆頭とする年長者たちを、すごいと思った。

みんなを盛り上げようとして岡野がフルチンになり、部屋を出て行った。廊下をダッシュで走った。その時ちょうど差し入れを持ってくる栄養士の女性と鉢合わせになってしまい、岡野の素っ裸をまともに見てしまった。岡野はそれから三日間ぐらいその女性に口を利いてもらえなかったそうだ。岡野はシラフなのに、そうやって盛り上げようとしてくれる。こいつはすげえなと僕は思った。僕らだけが分かち合った、大切な時間だった。

集まりは、三時間以上続いた。一人一人が部屋を出ていってはまた戻って来てを繰り返した。入れ替わり立ち替わり、常に人が動いていた中、小島さんだけは最初から最後まで腰を落ち着けて飲んでいた。

5

翌日のミーティングで岡田監督は、

「俺は結果を出す自信がある」

と話した。

岡田監督は元々ファイトしろということを言っていて、考え方が基本的に攻撃的であったと思う。守備を固めると言いながらも攻撃的な守備だった。完全に守勢に回るのではなく、常に攻撃の第一歩を考えるサッカーをやっていたと思う。ただ基本的には加茂監督のサッカーをベースとしていた。加茂監督がやろうとしていたこととはそう変わりはなかった。選手も言われなくても、行くところは行く、スライディングするところはスライディングするという基本的なことをやっていた。だからあとはメンバーをどう動かすかだった。僕は外れるかもしれない、そう思っていた。

最後の最後に追いついて引き分けたウズベキスタン戦は決して悪い試合ではなかった。試合は敵のスーパーゴールみたいなもので決まってしまったが、チームとしても個人としても、特に前半はすごく良かった。

精神的にも、みんなで過ごした夜のこともあって、徐々に変わりつつあった。盛り上がる兆しのようなものを感じていた。

あの夜全員の思いが一つになったことが、プレイに反映されていた。チームに和が出来、と同時にその和の外にある周囲のことなど気にならなくなっていた。

この試合で調子を取り戻しはじめたことによって、精神的にはかなり落ち着いてきた。勝つことは出来なかったからその結果に対しては様々な意見はあったと思うが、僕は明確なものが見えはじめていた。

「ライバルはＵＡＥだけだった。ＵＡＥに勝てばどうにかなる」

監督が交替となったことも、結果的にはいい方向に出つつあった。本来まとまりのあるチームであったのだ。一丸となって戦うことを様々な状況から見失っていたが、取り戻そうとしはじめていた。残念なのは、既に監督が替わるという事態が起こった後であったことだ。


加茂監督解任によって、日本代表が揺れる中、アウェー遠征中のホテルに一通の短いファックスが届いた。宛先は、僕、川口能活《かわぐちよしかつ》、平野孝《ひらのたかし》の三人。

清商の大瀧先生からのファックスだった。

わずかに一言二言しか書かれていないファックスではあったが、その内容は僕の胸に響き渡った。このチャンスを逃すな、日本男児としての心を持てというようなことが書かれてあった。

堅苦しい言葉だったが、素直にじんと来た。短い文面だったが、重い言葉だった。技術的なアドバイスは何一つ書かれていなかったが、最も聞きたい言葉だった。僕は心から大瀧先生を尊敬している。あの人の言葉だからこそ、素直に聞くことが出来た。

平野に見せて、能活にも見せた。あとから能活の部屋に行ってみたら、能活はドアの内側にそのファックスを貼り付けていた。


日本でのＵＡＥ戦は空回りしていたかもしれないが、僕自身はもう完全に吹っ切れていた。

試合前に静岡で合宿したおりに、大瀧先生と会っていた。先生は、もっと力を抜けよと言ってくれた。他愛のない話だったが、それはファックスと同じように僕を力づけてくれた。その後の予選を通じて上り調子になっていくための、とても大きな存在だった。

批判的な意見に対して人は乗っていく。この時それが異常なまでにどんどん積み重なっていき、ピークにあった。マスコミは大騒ぎしていた。

これまでは誰かから言われたことに影響を受けることなどなかった。良いことも悪いことも気にかけたことがなかった。それがこの予選期間中に聞いた幾つかの言葉はとてつもなく大きかった。一度はどん底にたたき落とされ、一度はそこからすくい上げてくれた。

他愛のない言葉が、どれだけ人を喜ばせるのか、どれだけ人を傷つけるのか。一方は仲間や大瀧先生から、一方はマスコミ、世間、あるいは加茂監督更迭の際の言葉。人を喜ばせる言葉と、傷つける言葉。わずか三ヶ月の間に、僕はその両方を知った。

戦っていないとテレビで言われたり、卵を投げられたり、様々な重圧の中で自分を見失った時、助けてくれたのがチームメイトであり、家族であり、高校時代の恩師であった。そういった人がいてくれて、そしていいタイミングで言葉をかけてくれたり、楽しい会を開いてくれたことで、僕は僕を取り戻せた。その何人かの人たちの声があるから、僕はもうそれ以外すべての声が聞こえなくなった。テレビで誰が何を言おうと、あんた誰だよという感じになれた。

テレビで解説者が何か批判的な発言をすると、みんなその意見に乗って流れてしまう。暗くなってしまうような、人をへこませるような解説をする人がいる。いい解説者がいてくれたらと思う。

解説者がみな正しいことを話しているとは限らない。僕が言ったことが正しいとは限らないように、人それぞれに意見はある。ただ、解説者なら拾い上げて欲しいプレイもある。

以前、ジュビロの試合で、味方のシュートが敵ディフェンスに当たってこぼれ球が奥大介の前に行ったことがある。奥はダイレクトで打つキックフェイントをし、右にかわして入れた。その時敵ディフェンスは詰めが中途半端だったため、そのままシュートを打とうと思えば打てた。しかし奥はそこで右に体重移動を入れてから打った。左に体重移動した時に、敵が飛び込んできたら左に抜かれると思い、右に体重移動して完全に振り切った。それを解説者は、奥は上手くかわして打ちましたで終わらせてしまった。奥のプレイの中での微妙な体重移動についてはまったく触れない。奥のシュートコースがいいとかそういうことしか言わない。そういった目には見えにくい部分を視聴者は聞きたいだろうと思うのだが、そういった面に触れてくれる解説者は少ない。それを伝えてくれれば、サッカーを知らない人でも面白いし、わかってくれると思うのだ。木村和司さんや金田《かねだ》喜稔《のぶとし》さんはそういった面も解説してくれるので、やはりさすがだなと思う。

また、サポーターとの関係も難しい。

ハッサン二世国王杯でのジャマイカ戦の時、調子があまり良くないまま前半0対0で折り返し、僕らは控え室に戻ろうとした。その途中の通路がスタンドに隣接している。そこからサポーターのみんなが応援してくれる。その時僕と城が並んで歩いていた。城がそこを通った瞬間、罵声が聞こえた。おまえまたかよ。何にも出来ねえのか。点とらねえんだったら帰れ帰れ。女性のサポーターだった。

悲しくなる。どう接すればいいのかわからなくなる。

プロになるとすぐ、ファンサービスをしっかりするようにと会社から言われる。僕はそれはとても大事なことだと思うから、どんなに急いでいる時にも、サインをするようにしていたし、ファンサービスというわけではないが、きちんと接してきたつもりでいた。Jリーグに入って二年目のある時、母の体調が悪く、実家に見舞いに行こうとしていた日があった。練習を終え、僕は車に乗り込んだ。いつものようにファンが金網越しにサインを求めてきたが、僕は用があるからサイン出来ないんですと言って謝り、その場は帰った。するとそれから一週間ぐらいして、同じような内容の手紙が何通も届いた。そこには、ファンにはちゃんとサインしろよ、調子にのんなよ、というようなことが書かれていた。

それから僕は三ヶ月ほどサインしない時期があった。もうそういった声のかからない選手になってもいいと思った。会社から呼び出され、サインをするようにと言われた。僕は手紙の一件について説明した。会社はわかってくれたが、結局僕も納得し、またサインするようになった。おそらく野球選手ならばそういったことは言われない。選手とファンの距離感が近いのはサッカーのいいところであると思うが、時にそういった納得のいかないことがある。北海道から来てくれている人もいる。子供を前面に出してくる人もいる。僕は出来る限りサポーターの願いに応えたいとは思っているのだが、やむを得ずその場を急ぐ時もあることをわかってもらいたい。そう願うことは間違っているのだろうか。

そういったことを含め、時に選手は孤独になる。味方は同じグラウンドに立つチームメイトだけになる。選手だけは自分を裏切らないと思い、追い込まれる。サポーターは本来仲間だと思っているし、共にいい時間を過ごしたいと思っている。だからこそ、悲しい。

僕はどんどん人付き合いが下手になっていく。どんどん、どんどん閉鎖的になっていく。殻に閉じこもるしかなくなる。

父は僕が驚くほどサポーターを大切にしてくれている。訪ねて来たファンを家に泊めることもあるし、寿司屋に連れて行って奢ったりしている。母はファンと文通している。そこで僕のスケジュールまで教えている。僕がそこまでしなくてもいいのではないかと言うと、おまえは誰に育てられたと思ってるんだ、サポーターがおまえを育てたんじゃないのかと叱られる。確かにそれはそうだと思う。言っていることはよくわかる。ただ、僕は僕で、自分の限界を超えた目にもあっている。ファンの方々とパーティーを開けば、内容に不満を言われる。僕のトークの内容にも不満を言われる。本来僕はそういった場で話すのは得意ではない。しかし来てくれたみんなのために精一杯話をしたつもりでいる。

インターネットもある。誰か一人が、名波の態度が悪いと書くと、同じような批判が一斉に広がっていく。

僕はどうすればいいのだろうか。孤独だと思う。味方がいなくなる。だからこそ、身近にいる友達の大切さを感じる。何があっても友達だけは大事にしたい。

「もうあんたの試合は見てられないわよ」

母が韓国戦を見に来ないと言った。

僕が小学校三年生の時からかかさずほとんどの試合を見に来ていた母が、磐田の試合も毎週必ず皆勤賞で見に来ていた母が、言ったのだ。もう見てられないわよ、と。僕が追いつめられていたように両親も追いつめられていたのだ。ショックだった。実際韓国戦の日、母は試合を見に来ずにパートの仕事に出かけた。パートの場で、仕事仲間から、僕が得点したことを聞いたらしい。

ＵＡＥ戦後、最後の三つ、韓国戦、カザフスタン戦、ジョホールバルのイラン戦、この三つは本当に調子が良かった。

成果はアウェーの韓国戦に出た。開始早々三十秒くらいの時に僕は敵の股の間にボールを通した。その股抜きが成功した瞬間、ぱあっと道が開けた。行ける、そう思った。自分から頭の中で考えてやったわけではなく、試合前から今日は絶対股抜きしてやろうなんて思ったわけでもなく、自然と体が動き、自然と抜けた。自分にとって理想的なプレイだった。吹っ切れたという感情さえない。ただ目の前がぱあっと開けたのだ。

「もう前だけ見ていこう」

チーム全体を見ても今までになかったものがあった。以前なら一点取った後に膠着状態が続いたと思うのだが、その時は積極的な守備が出来た。二点目を取りに行く姿勢というものもあった。両サイドもすばらしかった。それは僕の得点のせいというわけではないが、何か全員に向かって連鎖していったような気がした。

その一勝によって、すべてが変わった。

報道も一斉に予選突破出来たかのように流れはじめた。そして世間の声もその方向に流れていった。しかしもう僕はそんな声は聞いていなかった。ただ自分が満足の出来るプレイをするということだけ。

みんな、そうだった。自信を持ったのではない。もう外野は無視して進むことにした。

6

カザフスタン戦に勝ち、日本は三位決定戦にワールドカップ出場を懸けることとなった。

中立国で決定戦をやるというのはまったくイメージが湧かなかった。一週間では情報戦にもならない。どんな試合になるのか見当が付かない。相手がイランと聞いても、ピンと来なかった。

ジョホールバルに流れていた空気はサポーターの力がかなり大きかったと思う。試合前にフィールドに行った時、スタンドを見るともう日本人しかいなかった。ある意味異様な光景で驚いた。中立国にもかかわらず、ほぼホームと化していたのだ。特にああいった試合になるとホームかどうかというのは大きい。それだけフランスに行きたいと思っている人たちがたくさんいたのだ。日帰りに近い状態で旅してきた人も多いというのを聞くと、すごいと思う。

イラン戦はプレイしていて本当に楽しかった。すべてが良い方向に、思い描いていた方向に進んだ。同点ゴールを入れられた以外は。しかし同点ゴールを入れられても、決してへこむことはなかった。自分たちのプレイを続けた。

延長の、ダエイのボレーがバーを叩いた時は思わず目を閉じたが、それでも勝てると思っていた。

今思えば、岡野が早く出ていればもっと早く終わっていただろう。監督に呼ばれて、延長の頭から岡野で行くと言われた。僕はそれでスペースを使うのだなと理解した。それ以前にヒデのスペースが空きはじめていたのだ。前半はヒデもかなり狭い場所におり、窮屈そうにしていたが、後半の終わりぐらいからはもうヒデのまわりのスペースが空いてきていた。それで僕は一度あいつを経由してもいいと思った。実際、城の二点目は右サイドでボールを取ってから左サイドのヒデにボールが出たものだった。そういった横の関係だったが、僕に限らず、みんなが彼のスペースを上手く利用出来た。

イランは強かった。もう一度やればどうなるかわからない。

あの日のスタンドは、あのシーソーゲームの展開で、盛り上がり方が異様だった。得点が入るたびに、スタンドが地鳴りのように沸き上がる。スタンドが沸くのを久しぶりに見た。Vゴールの瞬間は、知らない人同士で抱き合ったり、抱き合いながら百メートルぐらい走ってる人もいたと聞いた。そんなことがあるのはサッカーぐらいだろうなと思った。

岡野のVゴールで試合が終わると同時に、涙が出た。まわりを見ると、他の選手たちも泣いているように見えた。

ほっとしたら、涙が出た。

ワールドカップに行ける嬉しさというよりも、やっと終わったという感じの方が強かった。と言っても、もうワールドカップに行かなくてもいいぐらいの気持ちだったかというと、それはちょっと言い過ぎだ。おそらく、さんざん苦労したランキングなら、僕は上から数えた方が早いと思う。やっぱりワールドカップにも行けないと意味がない。

とにかくこの三ヶ月がやっと終わったのだ。そしてまず一番はじめに頭に浮かんだのは、このユニフォームを誰かにあげようということだった。自分を支えてくれた、身近にいる誰かにあげることを考えていた。しかし結局その場の勢いでサポーターにあげてしまった。まわりを見ると、他の選手たちはみんな客席のサポーターに向かって投げていた。正直言って迷った。結局、サポーターの中の子供にあげようと思った。僕は客席に中に、子供の姿を探した。名波！　と呼ぶ声がした。メインスタンドに、八歳か九歳ぐらいの少年がいて、僕の名前を呼んでいた。スタンドは興奮状態だった。投げ込むと彼が押しつぶされてしまうのではないかと思い、僕は彼を呼び寄せ、手渡しした。

あの少年はまだユニフォームを持っていてくれているだろうか。

その夜、ホテルに戻った僕と岡野と森島は、荷物の中からプレイステーションを取り出し、「みんなのゴルフ」というゲームをした。

さすがに興奮して眠れなかった。ホテルの部屋で三人でしんみりと飲みながら、「みんなのゴルフ」をした。いい酒だった。「みんなのゴルフ」というのは、ゴルフの試合で勝つと新しく使えるキャラクターが増えて行く。ほとんどのキャラクターが使用出来るようになっていたのだが、アイスマンという最強のキャラクターがまだ出ていなかった。だから試合が終わって帰って来たら、僕ら三人は何故かすぐにプレイステーションのスイッチを入れた。ずっと気になっていたアイスマンをゲットするために「みんなのゴルフ」の練習をはじめた。三人でまったりと他愛もない話をしながら、岡野が持っていたキャラクターで何とか勝って、アイスマンをゲットした。それがまた嬉しかったりした。

「間違ってるな、俺らは」

何時まで続いただろうか。次の日朝早く、記者会見があることは聞いていた。ホテルの下で一人あたり三十分インタビューがあると聞いていたので、それは何かの罰ゲームなのかなと言いながら飲んでいた。と言っても、ホテルの冷蔵庫に入っているビールだったからせいぜい三本ぐらいで飲み終え、それぞれの部屋に戻っていった。実家に電話を入れ、眠りについた。

日本に戻ればそれなりの騒ぎになっていることだろうと思った。正直言って、放っておいてほしい思いだった。朝、成田に着き、空港近くのホテルで記者会見が開かれた。僕らは雛壇に座らされ、インタビューを受けた。早く家に帰りたい、その思いでいっぱいだった。静岡に帰ったが、特に誰に会うこともしなかった。みんな知っているだろうし、特に報告することもない。そうしてまたいつもの日常に戻った。

7

思えば、あのアウェーでの韓国戦、股抜きをした瞬間、視界が晴れたと思った瞬間、目の前にあった漠然とした壁を乗り越えたのだと思う。

それはあの大会においてもそうだし、サッカーにおいてもそうだし、今までの自分の人生においてもそうだ。あらゆる面において、僕はあの時壁を一つ越えた。

それまでは大きいものも小さいものも、壁なんてものを感じたことはなかった。ほとんど自分のイメージ通りに物事は運んできた。サッカーに関して、自分の思い描いた将来的なビジョン、それがその通りに、そして思い描いていたよりも速いテンポで進んでいた。コンスタントに試合に出て、しかも日本代表で出て、普通だったらなんの文句もない。あの時僕の前にあったのは技術で越えていくものではない壁だった。

不満というのとは少し違う。不満ならしょっちゅう持っている。ボール一個分でもボール二個分でも、そのパスが自分のイメージに合わないというのに、フォワードが上手くてシュートを決めてしまう。それを点が入って良かったでは僕は済ませられない。納得がいかない。それはシュートした人を誉めてくれればいいことで、自分については不満が残る。この時のことはそういった気持ちとは別のものだった。上手くなりたいという飢えはあったし、向上心も元からあった。この時の壁を越えた感じはそれとは違う。根本的なメンタル部分の改革が成功した瞬間じゃないかと思う。

「俺は絶対これででかくなった」

そう思った。大会が終わった後、仲間にもその時のことを話したのだが、上手くなったと言うのではなく、でかくなったんだと言った。

一つの壁に当たり、それを越えた。予選前の溌剌《はつらつ》としたプレイをしていた頃の自分が返ってきたんじゃない。ただ戻ってきたんじゃない。プラスアルファが付いてきた。

仲間には冗談っぽく、俺は「ネオ名波」になって帰ってきたと言った。プレイや技術の事ではなく、サッカーに関するメンタル的なもの。上手くなったということではない。言葉では言えない、サッカーの中にある、ある部分が大きくなった。

予選が終わってから開幕のウズベキスタン戦とジョホールバルのイラン戦、この二試合をビデオで見比べてみた。はじめと終わりでは人が違っていた。もちろんイラン戦の方が調子が良かったわけだが、それを引いたとしても、やはり種類の違う動きをしている。そこにカバーリングしろというところにちゃんと行っている。僕が理想としている動きがかなり出来ていた。あの時から、ヒデを動かしているのは僕だと思えるようになった。

きっとそれを経験した選手はたくさんいると思う。僕が当たった壁は誰にでも必ずあるはずだ。ぶち当たってそのまま諦めるか、力を尽くして燃えてそれでも結局引退するまで越えられないか、あるいは努力が実って乗り越えられるか。

そうした自分のプレイの変化はメディアの人に指摘されたことはないが、自分でわかっているし、チームメイトなら絶対わかっている。徐々に僕が落ち込んでいき、そしてまた徐々に上がっていく様は、チームの仲間なら知っている。僕と同じように言われていた相馬も僕と同じ思いだったのではないだろうか。

以前こんな話を聞いたことがある。ダービッツとシードルフのどちらだったか忘れたが、どちらかが十六歳ぐらいでアヤックスでデビューした頃、彼は本当に下手くそでまったく動かない選手だったらしい。しかし当時の監督がとにかく我慢をして彼を使い続けていたところ、二年後に突然変わったらしい。今では動かないどころか、世界一の運動量を誇る大選手になった。僕の話とは次元が違うかもしれないが、きっと同じようなことなのだと思う。

僕の目指しているサッカーとは、十一人の中の一人として、組織に順応したプレイだ。玄人《くろうと》受けする選手であり、組織の中で個人の特徴、色を出していければ最高だと思う。スター性のある、一人でゲームを作るプレイも時と場合によって必要であり、個人で打開していくのがプレイスタイルの基本である選手もいるだろうが、僕はやはり十一人の中の一人でありたい。

楽しいプレイというのは、ボールを支配すること。ボールを支配していれば、考え続けるということが必要になる。多面的に考えなくてはいけない。例えば、五、六人が攻撃に参加している際、逆サイドにいるボールと関係のない残ったプレイヤーは次の守備のカバーリングについて考えなくてはいけない。逆サイドに展開された時のオーバーラップを考えなくてはいけない。キーパーはそのラインの上げ下げを常に考えなくてはいけない。そのように十一人が一つのボールが次に動き、展開していく様を、想像し、予想し、考えること。考え続けることは、僕にとっての楽しいサッカーであり、サッカーの理想そのものだ。だから自分がボールを持っている時以外にも他人の考えていることがわかる。と同時に、他人が自分の考えていることをわかってくれる。それが楽しい。それがあった時、思い返して、いいプレイだったなと思える。他のプレイヤーと息が合うこと、それはどんなに楽しい遊びよりも楽しいことなんだ。普段の生活では決して味わうことの出来ないものがある。他人のこと、それも複数の他人のことを考えることは、日常ではまず無い。他人のことを考えるためには、まず自分を出さなくてはいけないし、逆に自分を殺さなくてはいけない時もある。そんな中で、味方の選手と嚙み合った時は、本当に最高の形でハーモニーが醸し出せると思う。自分を殺していても楽しい時はある。そして自分の快感というのは、自分にしかわからないものだから、特別な気分になる。何か裏側で人の上に立ったような気分。例えばチームとして機能さえすれば、誰がその主軸として働いてもいいと思う。

ジョホールバルでのイラン戦。あのゲームにおいて僕は裏方に徹した。僕のさらに裏方を山口素弘さんがやった。僕は山口さんがそうしているのを感じていたし、逆にヒデは僕と山口さんが裏方となっているのを感じていたと思う。それらが嚙み合った時にああいったプレイになる。三人の位置関係が作り出すものだ。三人以外の選手もまたそのことをわかっている。そしてわかっているということを感じながら僕はプレイが出来た。

僕らはそのことを言葉にしたりはしない。試合前にこうしようなどという風に話すこととは別の次元のことだ。絶対に口にしない。試合が終わった後も、絶対に口にしない。おまえのあの時のカバーリングが良かったなんてことは絶対に言わない。お互いにわかっているのだと信じている。それはヒデや山口さんも同じで、彼らも決して言葉にしたりはしない。試合が終われば静かに帰っていくだけだし、そんなことは決してメディア上に活字として出るようなことではない。自分の中にその一瞬一瞬のプレイに対する満足感のようなものだけが残る。イラン戦であれば、山口さんやヒデもそう思っていたはずだ。

そういったことはまずメディアに取り上げられることはない。ただそれは悪いことだとは思わない。わかるはずがないんだ。メディアに取り上げられることも、決してずれてはいないと思う。そこで取り上げられることは誰でもが思うような正論だと思う。そして、そこの裏にあることを拾い上げて書いている人は、売れているライターなのだろう。そしてそれが過ぎると、批判が多くなってしまう。僕らだけが知っているプレイというものがあり、そしてマスコミにそれを書くことが出来なくてもそれは悪いこととは思わない。プレイヤーはただ自分だけがそれをわかっていればいいのだと思う。

プレイした人間にしかわからないのだ。木村和司さん、都並敏史さん、柱谷哲二さん、例えばそういったかつてのプレイヤーたちが言うことは素直に話が聞ける。キャリアがあり、優秀なプレイヤーである。それだけのことをしてきた人たち。しかしそうでない人に言われると、負けず嫌いの血が騒ぐのか、反発してしまう。

ある時、ある解説者に、名波は中田へのパサーでしかないようなことを書かれたことがある。それは違うと思い、怒りをおぼえた。僕はチームというのはそういうものではないと思う。僕の考えは、あのジョホールバルの自分のプレイに典型的な形で表れていると思う。あの試合を見ればば、それがよくわかるはずだ。きっと山口さんもそう思っている。ヒデは自分が操っているのだと。ヒデもそれをわかっていると思う。

これまでに戦ってきた、たいていの試合は一つ一つ思い出すことが出来るが、本当は昔の試合のことの方がよくおぼえている。自分のプレイの一つ一つに関しても、満足したものはよくおぼえている。僕自身がミスした、やっちゃったなというプレイもまたおぼえている。一つ一つの場面、気持ちが今でもすぐに思い起こせる。

最も悪い思い出は、やはり中学の時と高校の時のＰＫの失敗。プロになってからも悪い思い出は幾つかある。体調がよくて、メンタル的にもリフレッシュ出来て、それでも調子が悪かった時というのはよく覚えている。しかしあのＰＫ失敗ほどのものはない。

プレッシャーをコントロールする方法はない。いまだにそれは感じる。あの時のＰＫ失敗はある部分トラウマのようになっているのかもしれない。ＰＫを蹴るのは今も嫌いで、プレッシャーを感じる。出来ることならキッカーにはなりたくない。ＰＫは自己申告制になっている。しかし、どうしてもあの場にいると、年齢的に考えても僕が蹴ることになってしまうことがある。例えばモロッコでのハッサン二世国王杯、フランス戦でのＰＫ戦。あの時はちょうど稲本潤一《いなもとじゅんいち》と僕の間に時間があった。マッサージをしながら下を向いていると、コーチのサミアがやって来て、ナナ、ナナと僕の名前を呼ぶ。そうなると、もう仕方ないなという感じだ。

良かった思い出もまたすぐに思い出せる。順位は付けられないが、良かったプレイを十個並べろと言われれば、ぽんぽん出てくる。例えば高校三年の時、三ツ沢でやったベイブリッジカップの国見高戦での優勝。右足で得点を決めた。Ｊリーグ四年目、ワールドカップの年、ジュビロスタジアムのフリューゲルズ戦の右足ゴール。高校選手権の一回戦。駒沢競技場。相手は佐賀学園。よくおぼえている。偶然なんかではなく、自分のイメージ通りにいったプレイは全部おぼえている。やはり自分が狙って出来たプレイこそがいいプレイだと思う。

一場面一場面のプレイのイメージは、ボールが来る一瞬に頭の中に浮かぶ。映像として浮かび上がる。

自分の想像が実現していくのは最高に気持ちがいい。スルーパスにしても、僕がスルーパスを出そうとする。しかし何人かの敵がいるという状況の中で、僕自身上がっていく場所がない。前に行くとカットされる。僕が一つ遠ざかりながら流れることで僕は一度死ぬ。すると、別のもう一人の前にスペースが出来る。彼がそれを感じて走り込んでくれれば、僕は彼にボールを出せる。あとは彼が先につなげておいしい役になってくれればいい。それが僕の裏方のイメージ。

イメージするプレイの映像というのは、常に他の選手の動きと共にある。逆に他の選手の動きがなければ、イメージも浮かばない。よく試合中にドリブルをしながら、受け手である味方が走り出してくれるのを待つことがある。同じ待つにしてもそれぞれに、僕が出したいタイミング、受け手が貰いたいタイミングがある。足下に欲しがる時もある。僕がボールを持っていて、前にスペースが見え、受け手もそれを感じる。その前に僕がボール持った時に走って欲しい。僕が、走れ！　と言う前に、走ってくれること。動く前に動いておくこと、はじめる前にはじめておくこと。それがやはりベストなタイミングだと思う。

またサイドバックで言えば、一番いいのは、僕がボールを受けようとしている最中に、すでにサイドバックが走っていてくれること。僕がボールを受けたらどこに出したいのかを前もって感じ取ってくれる選手がいると、僕自身もいいパスが出せる。だから見る人にも、僕のパスがいい悪い以前に、そこを感じて上がってくれたサイドバックの存在も見て欲しい。

また他の選手に動いてもらうために、自分が動くこともある。それを、操るという言葉で表現することもある。それらはすべて繋《つな》がっている。

近いポジションにいる選手同士にそれが無いとまったく機能しなくなる。通じ合うことがすごく大事だ。代表で相馬とプレイしていた時はそれがあったから、その意味では一番楽しかった。最終予選のカザフスタン戦でも、ハーフラインあたりで相馬にイメージ通りのパスを出せたことがあった。それは本当に小さなスペースを狙ったパスだったから、相馬と敵が並ぶ位置にあり、カットされる可能性も大きかった。しかしそれを相馬は敵と鉢合わせにならないように体をずらしながら受け取り、そのまま抜け出すことが出来た。相馬はそうやって、ぎりぎりの角度に切り込んでかわすのが上手い。貰い方が本当に上手い選手だ。そして僕のパスを信じて、走り出してくれる。そういったことが出来る選手だからこそ出せるパスがある。その場面、同時に僕も判断を迫られている。僕が違った方向に転がしてしまったら、相馬と敵は競争になってしまうのだ。

代表という一つのチームは、そういったことを毎日の練習もなしにやってしまうところがすごい。あうんの呼吸で出来るほど、能力が高いのだ。

8

僕が考えるサッカーの魅力は、ボールを持っていない時にある。

そして頭の回転、計算、順応性、それが僕にとってのサッカーの醍醐味だ。僕の思っていないことを考えている選手がいること、それがサッカーのおもしろさだ。

読み合いと化かし合い。僕は自分でサッカーを見る時も常にそういった局面を見ている。もちろん選手によって違うだろう。服部はサイドの選手だからサイドしか見ていないかもしれないし、中山さんは前の方しか見ていないかもしれない。中山さんも、ディフェンス駄目だな、などと言いながら見ているかもしれないが、やはり集中して見ているのは、フォワードの貰い方の上手さなどの部分だと思う。そういった意味で、僕の見ているエリアも実は限られている。僕の好きなエリアというのは、ハーフラインの少し手前からペナルティエリアに少しかかるあたり。そこが僕の好きな場所であり、僕の仕事場だ。そのフィールドの半分にも満たないエリアの中で駆け引きがあり、イメージを具現化していく。僕はそこで頭を使う、だからそこから先はお願いします、任せたよという感じだ。

ディフェンダーという仕事の中ではもちろんスペースは大事だし、ある意味で一番大事なことではあるが、そこに行くまでの過程、外から崩して行くことが、僕にとってのサッカーの楽しみだ。攻めている十人はそれぞれにまったく違うことを考えているだろうから、それをなるべく同じ方向に持っていく。同じイメージを頭に思い描くことが大事だ。

一つのスルーパスが出て、あるエリアまで崩す。そうすると左サイドバックが入ってきて、カバーリングをする。キーパーはキーパーで構える。最初にボールを出した選手もまた動く、受け手もまた動く。一つのボールの動き、そして何より、一人の人間の動きによって、またすべてが動きはじめる。動くことがまた別の動きを呼ぶ。動きは無限にあるのだ。人の組み合わせ次第で、すべてが変わっていく。ばかみたいに真っ直ぐ走り込んでいく選手もいれば、中に切れ込んでいく選手もいる。ありとあらゆることを考える選手と、一つのことだけしか考えない選手がいる。一人一人がそれぞれに考えている。結びつき、ほどけ、無限の可能性の中で無限の動きが生まれていく。

基本的に僕は競争をさせるようなボールは出さない。何故なら、ボールをスペースに出して、味方と敵に奪い合いの競争をさせてしまうと、どうしても考える時間というのが限られてしまうからだ。走って、敵を振り切ったとしても、ボールに触る間にスピードが落ちてしまう。だから基本的には足下に向けてのパスを考えている。代表での岡野や、ジュビロでの川口信男《かわぐちのぶお》のようにそういったボールを好む選手であれば、彼らが考える時間を持てるだけのスペースに出し、走り込ませる。それ以外は、あとはクロスを上げるだけ、シュートを打つだけというボールを出すようにしている。

中盤、サイドバック、リベロ、このあたりのポジションは間違いなく頭を使わないと出来ないポジションだ。柔軟性、想像力も含めて、頭を使うということが重要だ。これは誤解を招く言い方かもしれないが、頭を使わなくてもすごいプレイをしている人もいると思う。世界を見ても頭を使っていないセンターフォワードや、ストッパーはいる。

フォワードという仕事は点を取ればそれでいい仕事だ。試合中八十五分間何にもしないで五分だけ仕事するなんていうのは他のポジションじゃ通用しない。中盤やディフェンスはそうはいかない。それをうらやましいとは思わないが、やはりフォワードというのはそういう星の下に生まれている。

「フォワードは汚いよ」

と僕が言ったとしたら、フォワードの人たちからは、

「おまえはフォワードやる才能が無かったから中盤をやってるんだよ」

と言われるだろう。実際中山さんにそう言われたことがある。

野球選手は子供の頃はみんな四番打者でピッチャーだったはずだ。プロになるほどの選手はたとえ今は他のポジションをやっていたとしても子供の頃はピッチャーをやっている。一番優秀な子はピッチャーになる。サッカー選手の場合は、それがフォワード。子供の頃はみんなフォワードで、最初からサイドバックだったというような人はいないはずだ。フォワードをする才能がな

くて、上のレベルに上がるたびに、ポジションが下がっていく。

フォワードはすごいと思う。二十年サッカー歴があったら、二十年フォワードを続けている人ばかりだ。ただそれを支えているのが、やはりチームの存在。中山さんはそれをわかっているから、四試合連続ハットトリックした時にも、おまえたちのおかげだとさんざん言っていた。

セリエAでもまた頭を使ったプレイを経験した。セリエAではやはり速さが要求される。頭を使う速さだ。ボールを貰う前に、パスが出る瞬間に、その次のことを考えなくてはならない。身体能力ももちろんなのだが、その点はすごく大きい。

考える速さが違うのだ。グラウンド上には、いつも読み合い、化かし合いがせめぎあっている。ある時点でパスを出そうとしても、相手の頭の回転が速くて、読まれてしまう。だからその少し前の時点で、逆側にパスを出すということをおぼえなくてはいけない。ボールを出すにしても、まずディフェンスを開かせてから出す。論理的なことは簡単で、あとはそれをどれだけ速く考えられるか頭の回転の問題だ。そこには身体能力は関係ない。

またディフェンスがものすごく頭のいい選手で、その裏をかこうと考える時、それもまた本当に楽しい。これまでに知っているディフェンダーで頭がいいと思ったのは、まずホン・ミョンボ。彼はアジアの枠を越えている世界的な選手だと思う。読みが鋭く、本当に頭がいい。日本人ではやはり井原さんだろう。あと田中誠。今だと服部。この選手たちは身体能力がどうこうではなく、頭を使っている選手だと思う。

ベネチアでは、シーズンの後半にミランから来た、フランス人のゴッティ。彼は新聞ではあまり評価されなかったが、本当にいい選手だった。僕は好きだったし、安定したディフェンダーだった。あとユベントスの後ろの二人、フェッラーラとイウリアーノ。もちろん頭と体の両方に優れた選手もいる。服部がそうだし、ゴッティも足が速かった。

サッカーのそういった楽しみは、オセロに似ていると思う。相手に食いつかせておきながら、陣取りしていくような感覚だ。


そういったことを観戦する人が知っていれば、もっとサッカーは面白くなると思う。

しかし伝わりにくい。見ている人のサッカーに対する知識は増えたと思う。ただ僕が面白いと思っている部分が、最も伝わっていない。確かにペナルティエリアの中で起こることは楽しい。それはわかる。得点が入る入らないが楽しいのはわかる。ただ楽しいこと、興奮出来ることは他の場所でも起こっている。

わからなければわからないでも構わないのだが、テレビの解説がそれを伝えればずいぶんと変わるとは思う。説明すれば、誰でもわかる楽しさだ。一つのスルーパスが通った時、解説者は、いいパスを出しましたねとしか言わない。いい貰い方をしましたねとは言わない。リプレイにしてもそうだ。得点シーンがあれば、シュートの場面だけをリプレイする。それを、どんな経過をたどって、誰がどう動いて、どんなふうにボールが出されてシュートまで行ったのかをリプレイしてくれれば、見ている人にもわかってもらえる。その動きのすばらしさに気付いてくれる。

イタリアではそういったリプレイがあった。確かにクローズアップにはしないが、少し前からのリプレイを流す。オフサイドぎりぎりの貰い方が上手いとか、そういったことを解説している。別に押しつけるつもりはないが、僕はそう考えている。

9

日本人ではじめてワールドカップに出場する。これは日本サッカーの歴史上の人物になれるチャンスだった。

ワールドカップフランス大会。予選のことは一切忘れていた。意気込みを自分でも感じていた。オーストラリア合宿が行われ、その時は日本代表候補として三十人近くが招集された。新しいメンバーが入ってきたことで、新鮮な空気がチームに生まれる。初の予選突破ということが目標ではあったが、出場することになっても気が抜けたようなことはなかった。それに、まだ最終的な日本代表メンバーに残れるかどうかもわからない。緊張感を持って僕は臨んだ。

本大会の前のある時、スカウティング担当の小野剛《おのつよし》さんが用意したビデオが三十本ぐらい並んでいた。その一本一本に選手の名前が書いてあった。例えば秋田豊《あきたゆたか》の名前の書かれたビデオを見ると、秋田のヘディングやスライディングなど、彼の良いプレイばかりが録画されている。それが選手全員分あるのだ。それは小野さんと、僕の順天堂大時代の四方田《よもた》という後輩が一緒に作ってくれたものだった。それはすごくよかった。当然自分のいいプレイばかりを選んでくれているから、自分で見ていても、ああ、すげえと思うところがある。こいつうめえと思う時もある。そう思わせてくれるのだから、そのビデオはよく出来ている。おそらく予選であれば予選の八試合から、自分で良いと思うプレイをチョイスしたものと、四方田がチョイスしたものはほぼ一緒だと思う。わかってくれているのだ。しかも僕一人だけではなく、選手全員のことを。秋田のビデオはほとんどヘディングばかりだったところがまた笑えるのだが。

監督が一勝一敗一分けという目標を掲げたのは聞いていたが、僕の目標としてはとにかく一試合でも多くプレイすることだった。勝ちたいという思いもかなりあった。日本のサッカーは通用するか、勝てるか。二強二弱と呼ばれるブロックに入ったことで、その二強の部分をどれだけ食えるか、僕は漠然とそのことを考えていた気がする。

と同時に、どこまで自分がやれるか、どの程度いい仕事ができるか、試してみたかった。予選の最悪だった時期の様なプレイをすることはまず無いと思っていた。調子は決して悪くはないはずだ。その中で、自分の良さをどこまで出せるか。海外のクラブチームに売り込みたいとかそういった気持ちはまるでなかった。そんなことには興味がなかった。

本大会直前にカズさんと北澤豪《きたざわつよし》さん、市川大祐《いちかわだいすけ》が代表から外れることとなった。朝、目を覚ますと、キーチャンが荷物を部屋から出しているところだった。既にカズさんの姿はなかった。キーチャンはがんばれよと言ってくれた。しかし僕らは何も言葉を返すことが出来ず、そのままキーチャンも去っていった。

当時カズさんも言っていたが、仕方がないとしか言いようがないだろう。決められた枠があり、監督がそう決めたことなのだから、僕はそれに対して感想も何もない。僕は岡田監督のしたことが正しいとも間違っているとも思わない。僕らは監督の判断に従うしかないのだ。

その日、チームの雰囲気は少し気まずかった。ただ僕らには落ち込んだりしている時間はなく、いつもと変わらず練習をした。

アルゼンチンに対するイメージはスピーディーなサッカー。そして個人技。アルゼンチンとやれるんだというような憧れのような気持ちはなかった。あるとすれば、オランダだろう。オランダは大好きで、試合をすればそれなりにミーハーな気持ちにもなったかもしれない。フランス大会でも、オランダの試合は二、三試合見たはずだ。

初出場の僕らは結果的に三戦全敗だった。いろんな意見を言われたが、僕は日本の良さがそこそこ出せたと思う。

確かにアルゼンチンは本気ではなかったかもしれないが、クロアチアとの試合は向こうも真剣勝負だった。僕らは僅差のゲーム展開で負けたが、ボール支配率は勝っていた。後半になると、ロングボールしか蹴ってこなかった。

あの試合で、中山さんの生涯に一度しか出来ないんじゃないかというくらいのプレイも見られた。ヒデからのパスをゴール前で受けたあのトラップは、神業であり、奇跡的だった。あんなことはもう出来ないと思う。しかもシュートも完璧で、あれを止められたらもう仕方がない。あのシュートを止めたキーパー、試合前の情報では下手くそだということだった。確かに僕らが見たクロアチアの試合のビデオの中で、彼はチョンボしまくっている。ところが、彼は大会中ずっと大当たり。のちにカズさんがクロアチアのザグレブに移籍した時、あのキーパーがいたらしい。カズさんは、

「あのキーパー、めちゃくちゃ上手いよ！」

と言っていた。どうやら情報はちょっとばかり間違っていたようだ。

ワールドカップの雰囲気を味わえたことは本当に良かった。これも成果だと思う。僕はオリンピックに出ていないからよくはわからないが、おそらく比較しても、ワールドカップは特別に大きな大会だと思う。実力は足りなかったと思う。しかしそればかりではない。運もなかった。大会前のゴタゴタも少なからず影響していた。しかし三戦戦ってみて、これだけは言える。

「日本サッカーの未来は絶対明るい」

あの大会で日本のサッカーの片鱗を見せることが出来た。僕の理想とするサッカーも多くの面で出来た。決して満足はしていない。しかし確かな充実感があった。

一度出たことで僕はある部分において、これでワールドカップはもういいという面がある。それはおそらく今後出たとしてもあの時ほどの興奮は味わえないと思うからだ。少なくとも今の時点では。

長い予選の中、死のゲームと思えるほど苦しい試合、そしてあれほどまでに興奮した感動的な試合を幾つも経験出来た。今の時点ではもうあんな苦しい思いはしたくないと思う。人にとやかく言われながらサッカーをするのも嫌だ。

ワールドカップ以後、僕は取材を極力受けなかった。

それは今も変わらない。何を話しても伝わらないだろうと思う。そして、人の言葉というものが、多大な影響を及ぼすことを知ってしまった。

僕のサッカーの場はJリーグに戻っていった。強いモチベーションで厳しい予選、本大会を戦った後ではあったが、すんなりとJリーグに入っていけた。普通に生活することも出来た。極度の興奮状態を抜け、当然のごとくまた日常に戻っていった。

周囲の状況は相当変化したかもしれない。単純にサイン一つにしても、家に帰ると百枚や二百枚で済まない量の色紙がある。高校に行ってみると、たまたま在学中からいた先生と廊下ですれ違ったりする。すると、職員室に連れて行かれ、そこには色紙が二百五十枚ある。何故学校に色紙がそんなにもあるのか。氷で手を冷やしながら全部書いた。

第五章　終わりなき旅

1

二〇〇〇年二月、カールスバーグカップに日本代表として出場するため、僕はベネチアを離れた。

それ以前に代表として出場した南米選手権は決して調子はよくなく、メディアではぼろぼろに書かれた。トルシエ監督との確執も伝えられた。監督が選手を批判することについては、そういう監督もいるのだろうと思うだけで仕方がないと思うが、あの時は人間性を否定された。それは間違ってると思ったから、違うと言っただけのことだ。こいつが監督をしている限り代表にはもう行かないと僕は思った。僕は代表に対する興味を失った。

一月にトルシエがベネチアに来た。彼が来ると聞いた時、僕は何も話すことはないよと言っていた。代表に行く気はないと突っぱねていたのだ。人間性まで否定されたのだから、誰だってそうだと思う。そんな人とは付き合えないと思った。僕に面と向かって言ったのならば、受け入れることこそ出来ないが、平等ではある。しかし彼はマスコミに向かって言ったのだ。

しかし結局は彼と直接話すことになった。

トルシエは誤解を解くために僕に会いに来たと言う。僕は、人間性を否定されてまでおまえの下ではプレイ出来ないとはっきり言った。彼とは腹を割って話すつもりでいたのだ。

彼は、

「南米選手権ではおまえのことを色々と言ったように書かれていたが、あれは違う。多少は言ったが、あんな言い方はしていない。マスコミが強く書いただけのことだからおまえはマスコミに踊らされるな」

と否定した。そんな人間性を否定するようなことは言っていないと言う。

その言葉を丸ごと信じたわけではなかった。しかし、僕とトルシエはお互いに腹を割って、言い合った。僕は通訳を通して、言葉のニュアンスがちゃんと伝わるようにと気を配って話した。僕はあのことがあって、代表への興味をなくしていたし、これからはあの時のようなことはなくしてくれと注文した。彼もそれを納得し、ひとまずは和解することとなった。

「左サイドバックに入ってくれ」

今後のことを話す時、彼は僕にそう注文した。これからの時代は左サイドが起点になるんだと。確かにサイドが起点となるのはこれからのサッカーにとって大事なことであり、彼の言う戦術は正しいと思った。彼が左サイドを重要視していることも知っていた。僕は真ん中でプレイしたいことは確かだが、左サイドバックをやることに関しては何の問題もなかった。

しかし丸呑みしたわけではない。

「わかっているとは思うが、僕は攻撃に関して言えば、サイドから突破したり、スピードでぐいぐい持っていくようなプレイは無理だ」

　すると、彼は、

「そんなことは期待していない。ただ、サイドから中に切り込んでゲームを組み立てたり、最終ラインまで帰って、逆サイドのカバーリングをしたり、そういったプレイをして欲しいんだ」

「俺は一度上がったらそうそう帰れないよ」

　そんな風にお互いの接点を探りながら、認め合い、

「じゃあ俺やるよ」

と僕は答えた。僕は彼からの提案を受け入れた。ただ最後に、

「俺はボランチが大好きだ。とにかくボランチが一番いいということを頭に入れておいてくれ」

と付け加えた。

　トルシエは、わかったと言って頷いた。

　彼のことを信じたわけではない。許してもいない。しかし彼はもう一度代表でやってみようと思えるようなことを言ってくれた。ただもう一度同じことをされたら次はないと考えている。

　そしてカールスバーグカップ、一試合目は話し合った通り、僕はサイドバックに入った。中には、小野、稲本、伊東輝悦《いとうてるよし》といったメンバーだった。二試合目は二・五列目のボランチだ。

二試合やってみて、南米選手権の頃しか知らなかった僕は、あの時と比べれば代表の力は雲泥の差だと思った。方向性は最高にいい方に向かっていると思った。南米選手権の時は、ワールドカップの時よりも弱くなっていると感じていた。カールスバーグの時もそれは変わらない。まだワールドカップの時よりも弱かった。しかし南米選手権の時よりは良かった。やろうとしていることが徐々に徐々にだが、形になってきていた。メディアでは得点不足と言われていたが、得点なんかはいつか入る。守備が安定していたからまず負けるわけがない。このチームの目指すものがだんだんとわかってきた。

また、トルシエの僕に対する要求も以前とは変わった。南米選手権の時は、中心となってぐいぐい行け、チームを引っ張って行けということだった。カールスバーグカップで彼が僕に求めたのは、チームの中でのバランサーとしての役割だった。それはポジションこそ違うが、加茂監督や岡田監督が僕に求めていたことと似たようなことだった。

今でもたまに言われることはある。おまえが中心なんだ、おまえが引っ張るんだと。それは単に僕が海外でやっていたから、そう言われたのだと思う。特にカールスバーグの時は海外でプレイしていたのは僕しかいなかったからだろう。

トルシエは、今回の代表にはおまえの仲良しが多いからいいだろうなんてことを冗談で言う。彼は誰と誰が仲がいいのかまですべて見ている。食事をしているグループなどに目を配っているのだ。

トルシエが厳しくしているのはわざとだ。それは選手がみんなわかっているから何の問題もない。彼は下の世代の監督もやり、その選手達にかなり信頼を得ていると言うか、師弟関係になりつつある。オリンピックを終えてA代表の試合も増えはじめ、A代表の選手たちも付いていくなららやっていけるんじゃないかと思いはじめている。

カールスバーグカップの後、中国戦、韓国戦と二度、代表に呼ばれた。

水曜日に行われる中国戦のために、僕が日曜日に到着、ヒデが月曜日に、城が火曜日に到着した。ヨーロッパから三人が集まった。帰国組なんて言われ方をしていたが、チームの中では特別視されることはなく、何も変わらない。

練習の段階で、ディフェンスがまとまったという印象があった。最終ラインだけではなく、ボランチとサイドも含めてだ。

試合では左サイドのポジションに入った。スペシャリストが多くいる中で、まさか代表でやるとは思ってもいなかったポジションだ。抵抗はあったが、自分に出来ることはやった。ボールを持つ足が出し辛いところもあったが、トルシエは僕があのポジションに入れば、もっとおまえらしさが出ると言っていた。縦にえぐれというようなことは一切言ってこなかった。突破や、スピードで振り切ることは望んでいないから、どんどん中に入って、どんどんシュートを打ってくれと言われていた。試合が終わった後も、良かった、期待通りだと言われた。そして、右足の練習をしてこいと付け加えられた。右足で二本くらいシュートを打ちそこなったからだろう。あの試合で僕はセンターフォワードのようなプレイをしていた。どんどん中に入り、右サイドのゴール前でもボールを待っていた。

途中から俊輔が入ったこともあり、左に左にボールが流れていくふしはあった。昔からそうなのだ。僕が入ると左に流れる。みんなの癖もある。ヒデも左に流れた。左利きの選手が揃って、トルシエの戦術も左にチェンジしていく。伊東輝悦が右に入るとボランチ的なサイドバックになるから、逆に左のサイドバックは自然とスリートップの一角となる。マスコミは左右のバランスがどうこう言っていたが、ボールが良く回っていたし、バランスも悪くなかった。ただディフェンスに入ると、そこから最終ラインまで帰って行かなくてはいけないから、体力的にはかなりきつい。それで僕や俊輔が帰らないと体力がないと言われたりする。

最も帰らないのが、三浦淳宏《みうらあつひろ》だろう。彼はディフェンスはほとんどしない。ボールを持った時に仕事が出来る選手だ。彼は、名波、俺は上がってるからカバーリングしてよと言う。だから僕も、ああいいよ、行け行け行け、どんどん行け行けと言う。あいつは勝負がしたくてしょうがないのだ。僕はそれを認めている。

それらの選手に合わせてバランスを取るプレイをするのが僕の仕事だ。三浦が上がった時に僕がフォローしなかったら、守備ががら空きになってしまう。一人一人の選手に合わせてプレイをする。俊輔が、俺が上がるよと言ったら、それはちょっと待てと言う。平野が行くよと言ったら、よし行けと言う。伸二が行くよって言ったら、おい待てとなる。人によって変える。

　これだけははっきり言えるが、代表で一番動いているのは僕だ。他のことは知らないが、それだけは間違いない。イタリアでも運動量がすごいと言われたが、それも日本にいた時と変わっていない。日本にいた時からあれぐらい動いていた。

　ワールドカップアジア予選の頃に、それを否定されたことがある。体力がないと言われた。これだけ走っていて言われたら、反発したくもなる。身体的なことを言われたら痩せているから仕方がない、わかっているという話になるが、持久力のことを言われたら反発する。それだけは自信を持っているのだ。というよりも、むしろそれが僕のプレイスタイルなのだ。

　もちろん自分の仕事でない場合は動いていない時もある。ボールをさばいたらさばきっぱなしの時もある。休んでいる時もあるが、それは自分の仕事をする時じゃないからだ。ボールが僕の仕事場にいる時にさぼったことなど一度もない。

　運動量というのがどういうものかと言うと、例えば、代表でマラソンをやった場合、自分がトップになるかどうかはわからない。サッカーのフィールドを走り回ることと陸上トラックでタイムを計ることはまったく違う。おそらくタイムを計れば、僕は真ん中から前になるだろうが、決して速くはない。足の速い選手はたくさんいる。試合中とはまた違うのだ。トラックで能活が一番速いとする。しかし彼はキーパーだから試合では動かない。そういうものだ。

　ここに行かないと危ないと思う場所がある。例えば、終盤でボールを取りに行く時、全力で攻めに行く時、そんな時でも一度ボールを返されてしまったら、全力で戻らなくてはいけないのが、僕のポジションだ。また一からゲームを作っていかなくてはいけない。逆に二列目やフォワードは最初にボールアタックし、行くべきところに行って、かわされてボールを戻されたとしても、帰ってこなくてもいい。その差がある。仕方がない。自分のポジションの仕事だからやるしかないのだ。

逆に二列目からボランチの間でボールが取れると、そこが一番の前線になる。帰る距離も短くなるし、コンパクトな試合が出来る。二列目でボールが取れると面白い。その後好き勝手なことが出来るのだ。

「決定力がない」

中国戦では、試合内容とは関係ないところでそんな風に言われたが、まったく気にしていなかった。チームではなく、選手の技術の問題だ。いつかは入る。一度入れば流れは変わる。一人がゴールすれば、同じポジションの選手が、じゃあ俺も取れるという風になっていく。一人が取れば、続いてゴールに向かう姿勢が出てくるし、アピールしようとする選手が出てくる。フォワードというポジションはそういうポジションなのだ。中盤以降のボランチやサイドの選手は違う。あいつがああしたから俺もこうしようという風にはならない。ひたすら自分の道を進むマイペースな感じだ。

外から何を言われても選手は気にしていなかった。マスコミはまともなこと、正論しか言わない。本質をちゃんと突いてくる人はいない。見たままのことを言って許されている人たちはいいよなと思う。


まさか韓国がこんな戦い方をするなんて。それが親善試合での韓国戦の印象だ。韓国はベネチアよりもひどいサッカーをしていた。驚く、ということ以上に、不思議な感じすらした。

韓国はただただキム・ドフンにロングボールを出すだけの戦い方だった。キム・ドフンにはキープ力があるから彼にキープさせ、そのまま彼一人にゴールまで行かせる。韓国は昔から押し上げが速い。その時も押し上げたらボールを出すだけだった。

前半は、韓国のロングフィールドにつられて日本までロングフィールドになってしまった。後半は修正し、ボール回しも良かったのだが、決定的なチャンスが作れなかった。しかしその時の修正の速さというのが日本代表の成長であり、収穫だ。ワールドカップの頃にまた少し近づいた。

後半は良かったが、前半が韓国のペースになってしまっていた。韓国はベテランばかり連れてきていて、これから先はどうしていくのか気になった。ハン・ソンフォンがいて、キム・ドフンがいた。ノ・ジョンユンまでいた。さらに、ハ・ソッチュ、イ・ミンソン。レギュラーが怪我をしたために出たキーパー以外は、みんな昔から長くいる選手たちばかりで、日本戦になると外国のチームから帰ってくる。

松田直樹《まつだなおき》がはじめからディフェンスの中央に入っていたのだが、かなり形が出来つつあったし、あとはもうディフェンス個々が確実に成長していくだけだ。

試合を決めることとなったのはハ・ソッチュのミドルシュートだ。あのシュートは、望月重良があと一歩寄せていれば止められていた。そこがディフェンスと中盤の差なのだと思う。中盤の選手が即席でディフェンスをするのはやはり難しい。もし僕があそこの立場でも、多分寄せることが出来なかったと思う。試合後テレビで何度かその場面を見た。そして重良に、おまえのせいだと言った。重良は相当落ち込んでいた。味方だから、きついことも言える。あいつは友達でもある。僕から言われて、僕を疎ましく思うような奴ではないことも知っている。おまえのせいだ、と何度も言った。昔は森島にもよくそう言っていた。彼がシュートチャンスを外すたびに言った。ワールドカップの最終予選のカザフスタン戦の時も森島がスタメンで出て、三本外した。あの時はあいつも落ち込んでいた。

負けたから帰りは暗かったが、この試合でもチームは上り調子の途中にいた。トルシエは負けたことを残念がっていたが、選手たちのパフォーマンスは良かったと言った。


「代表を強くしたい」

日本代表を好き嫌いで語ることは出来ない。小さな頃からの、目標であり、夢だった。

背中に自分の名前が入っているユニフォームなんて、他ではそうそう着られないものなのだ。

しかも日本のトップ。決して日本で最もうまい十一人ではないけれど、日本を代表する十一人なのだ。

代表を強くしたい。以前はそんなことは言わなかったが、最近はそれを口にする機会が増えてきた。

カールスバーグカップの時のことだ。その時、代表に呼ばれていたカズさんと中山さんとゆっくり話す機会があった。サッカーの話、イタリアの話もした。カズさんに会うのは久しぶりだった。そうすると自然と昔話になった。最終予選の話もしたし、カズさんが代表から漏れた時の話もした。そうしてカズさんと中山さんと僕、自然と、代表のあるべき姿、そういった話になった。その時、カズさんは代表復帰したものの、スターティングメンバーではなかった。中心はカズさんや中山さんたちよりも二世代下になっている。試合には出られないこともあるだろうし、どうしても遠慮してしまい、リーダーシップを発揮したりは出来ないだろう。僕はそう考えていた。

しかし、あの二人は違っていた。常にその場の空気を見ていて、盛り上げるところは盛り上げ、みんながシュンと落ち込んでいたらカツを入れる。練習も常に先頭に立ってやっている。

そのカズさんと中山さんが、代表を強くしなければいけないと言う。それが日本が必要としていた経験や歴史ではないだろうか。二人の頭の中にはそういったことがはっきりと重みを持ってあるのだ。感動し、そして尊敬した。

カズさんと中山さんの重みを僕は感じた。重さが違う。僕らとの間には、温度差があると思った。今、この人たちがいなかったら駄目だ。例えば、この二人がいま代表からいなくなってしまったら、僕が一番上になる。僕と森島だ。僕と森島で、代表を引っ張っていけるだろうかと考えた。キャリアで言えば僕とヒデが先頭になる。僕らにはあの人たちのようなことは言えないと思う。プレイで引っ張ることは出来るかもしれない。試合中に言うことは出来ると思う。しかし、練習中を含めて、私生活や食事中にあんなふうに場を盛り上げていくようなことは出来ない。ヒデは野菜が食えないからメニュー変えてよなんて言ってるくらいだし、僕もそれどころじゃない。

普通はベテランというと一人で黙々とやるようになるのだが、カズさんと中山さんはそうではなかった。二人は、そんなベテランという言葉が腹立たしいのではないだろうか。ただ、チームの一員として入っているのだ。僕にはあれだけの器があるだろうかと考えた。ないかもしれない。代表の魂、代表としての誇り、代表の名誉。カズさんたちはそういった言葉をよく口にしていたし、常にそういった気持ちを持ち続けていた人たちだ。いつの頃か代表選手たちの口からはそういった言葉が出なくなっていたが、絶対にみんなが持っていたんだ。代表の魂も代表としての誇りも代表の名誉も全部。ただ言葉にしないだけだった。僕も持っていた。

代表の重みというのは、次々と新しい選手が入ってくれば、彼らもまたさらに新しい選手に伝えていかなければいけない。Aマッチに出て、感動して、喜んで、一流の証として名誉を手に入れるというのも良いだろう。しかし、その上で代表の重みも感じなくてはいけないと思う。そして、それをどんどん下の世代に伝えていくこと。

それが代表選手の使命だ。

僕自身多くの失敗を重ねてきて、そのことに気付いた。だから早い人はもっと早く気付くだろう。試合に出る出ないでの選手の喜怒哀楽というものがある。僕もベネチアで過ごしたシーズンでそういった気持ちを知った。だからそれをもう一段階超えたものがあると信じている。

カズさんや中山さんたちのような存在の重要さも知った。

韓国戦の後に服部たちと話したことがある。代表のあり方について、みたいなことを。

以前から試合終了後に何人かの選手たちを集めて、試合の反省会のようなものはしていた。しかし代表のあり方についてなんて話はしなかった。

僕自身は、年齢的にもうそれほど先はないと思っている。あと何年代表をやれるだろうかと現実的に考える。だから、下の世代に伝えるべきだろうと思うことを彼らに話した。

かっこいい言葉ではなかったが、出来る限りこうしようああしようということを話した。年齢もあるし、立場もある。自分がもう上から数えてすぐの年代にいることを最近特に意識する。カズさんや中山さんが立っている場所に自分もいるということを。

もし今後上の世代がまったくいなくなった時に、自分があの人たちのした役割を出来ればいいと思う。出来ないかもしれない。それでも大丈夫だと思う。僕の下の世代の選手も肌で感じているはずだから。カズさんや澤登さんや、そういった選手たちを見てきているから決して間違った方向には行かない。和司さんがいて金田さんがいて、哲さんがいた。そうやって受け継いできたものなんだと思う。

哲さんはいつでも僕に言っていた。ああしろこうしろと、しつこく言われた。僕はまだ若く、うるさいうるさいと思っていたが、今思えば、あの人の言うことがよくわかる。試合中も哲さんは、常に僕に向かって、ああしろこうしろと言っていた。僕は代表に入ったばかりでAマッチに出られる嬉しさ、国際試合に出られる嬉しさでいっぱいだったから、うるさいな、こうすりゃいいんだろ、ああすりゃいいんだろなんて感じでプレイしていた。哲さんが本当はどう考えていたのか、少し前からそのことに気づきはじめ、そして今それを言葉に出来るようになった。

今まではそんなことを僕が言っても、うるさいと思われたかもしれないが、しかし今なら言える。今なら、自分でも自信を持って、代表でこれだけのキャリアがあると言えるから。

2

ベネチアで過ごしたシーズンは、サッカースタイルの戦いではあった。チームのスタイルに合わせよう合わせようとしたが、無理に僕のスタイルを変えて組み込んだわけではなかった。ボールが来たときは、出来る限りタメを作ろうなどと思いながら、常に精一杯自分なりの努力をしながらやってきた。

自分のスタイルにも柔軟にいこうと思っている。曲げなくてはいけない時もある、押さなくてはいけない時もある。ただ全体的な選手像というものがある。強引な選手、テクニシャンの選手、そういった本質は変える必要、曲げる必要はないと思う。

トータル的に見ていい勉強になったが、やはり何か物足りない。僕が理想としていた、自分で思い描いていた力を発揮できなかったから、悔しさはあるし、そういう気持ちを持てた自分に価値があると思う。勉強は好きではないが、ことサッカーに関してだけは学ぶという気持ちが強い。何の抵抗もなく受け入れられる。

サッカーに関しては、完成したと思ったことはないし、完成することはない。俗に言う体力の衰えや、年齢が上がって自分が下り坂になったとしても、何か進化することがあるのではないかと思う。中山さんだってあんなに下手くそだから、上手く進化している。逆に引退してからサッカーを外から見て勉強する。解説者や指導者のような姿に変えてもやはり進化することは出来ると思う。

世の中にはいろんなことがあるが、スポーツを含めてあらゆることは頂点というものがないと思う。音楽にしてもそうだろう。ミスチル（Mr. Children）の桜井和寿さんとメールを交換して話を聞いていても、常に進化している。僕にはわからない世界だが、進化を感じられる。だから僕が桜井さんの新曲を聴いてそう感じたように、サッカーを知らない別の世界の人から見ても、僕のプレイが進化しているとわかったら、それはすごく嬉しいことだと思った。

僕に足りないもの、それはまだわからない。これからもわからないかもしれない。後ろから当たられても倒れないように筋肉を付けてプレイスタイルを変えてしまうのは、僕にとっての進化ではないし、僕に足りないものでもない。ただ向上心、探究心を持ち続けていたいだけだ。今のスタイルのまま、深く掘り下げていきたい。今は進化の途中だ。

道は見えていますか？　よくそんな風に聞かれる。足りないものは見つかりましたか？　何度となく聞かれた。あ、見つかりましたと答えるとする。ではそれを解決出来ましたかと聞かれる。出来ないと答える。ではどこまで行きましたかと聞かれる。わからない。わかるわけがない。そんなわからないに決まってること聞くんじゃない、と思う。

今、僕は自分らしくあると思う。

ワールドカップ最終予選の頃、自分らしさをなくしたことがあった。セリエAの中でも正直言って不安だった時期もあった。

僕は下手になったんじゃないかと思ったこともあった。思ったこともあったが、たとえば代表の試合のパフォーマンスは自分でも悪くはないと思う。モロッコでのハッサン二世国王杯の試合も含めて悪くなかった。僕は間違ってないんだと実感した。今、僕は自分らしくあると思う。

今、代表には自分の居場所がある。

今はカールスバーグカップの頃とは違う。今はまだ代表でいいんだ。いい仕事をしてると思っている。カールスバーグカップの頃まではトルシエが若手に切り替えて本番に望むということが、選手や世間の間にも浸透していたこともあり、僕の役目はもう終わりだと思っていた。それは決して僕の居場所がないからとかそういった話ではない。ただ、伸二が出てきて、俊輔が出てきたことで、彼らがいれば僕がいなくてももうやっていけるだろうと思った。身を引こうと思ったわけでもない。

カールスバーグカップの頃に比べ、日本は確実に強くなったのが目に見える。戦術的な浸透、選手同士の意思の疎通、そういったことは勿論ある。外からは決して見え辛い、団結力のようなもの。そして監督とのコミュニケーションが深まっている。

僕は、日本を強くしたいとずっと思ってきた。

カズさんが、代表を強くするためならどんな協力も惜しまないとよく言う。僕にもその言葉の意味がだんだんとわかってきた。代表が更に進化するためには、古い選手はいつかはいなくなるべきだ。しかし、まだ必要とされているのであれば、喜んで行くべきだ。そう思う。

僕がセリエAから日本代表に持ち帰ってきたもの。それが何かと聞かれたら、そんなものはないし、あったとしても言葉では言えないと答える。ヒデだって城だって同じだと思う。海外だからこうなんだと言ってしまったら、言葉だけが一人歩きしてしまう。言葉では表現出来ないものだ。

海外に行くということは、特別なことではない。ただレベルが上の場所に行くというだけのことだ。誰にでも行くチャンスはある。行く勇気さえあれば。

ベネチアというチームにいるとき、たとえ僕のマネージャーとして日比がいたとしても、もしも僕に家族がいて、妻や子供がいてベネチアに一緒に住んでいたとしても、結局、練習中は僕一人だ。試合中は僕一人なんだ。その環境に順応するまで大変だし、そういった大変さというのは、やはり行ってみなくてはわからない。

ワールドカップの最終予選で僕は「ネオ名波」になったとみんなに言った。今回セリエAに行ったことでまた新たな自分は見つけられたのか。変化はあったのか。

今はまだわからない。今はまだ変化の途中にいる。一戦一戦で一喜一憂するのではなく、すべて繋がってトータルになった時のことを考えたい。

僕はトータルな中で、自分らしさというものを出していきたい。自分らしさというものを、自分のプラスアルファとして、常に持ち続けていきたい。

トータルで見ると、ベネチアでプレイした年のことは自分でも満足していない。悔しさもある。けれどもこの次のシーズン、そしてこれから引退まで何年続くのかわからないが、これからのすべてのシーズンにわたって、この年経験したことすべてが生きてくるのは間違いない。

あ、少し変わったなとか、あ、こうなったなとか。それは、たとえば見た目でも構わない。なんか老けたなとか。何でも構わない。トータルで見た時に、僕の何かが変わったということ。それを今後も見せていけるように、努力していきたい。

長くサッカーを続けてきた。何かを失ったとは思わない。

僕は常に自分自身をモデルチェンジしてきたし、幾つかの違いはあげられるかもしれないが、プレイの質としてはその時その時の年代で同じパフォーマンスをしてきたと思う。例えばこれから先、三十五歳ぐらいになって、体力が落ちたり、技術が駄目になったと言われたとしても、僕は変わらないと言える。その歳に見合ったプレイをし、プレイの質を保っていると言い切れる。はっきりと自信がある。体力、技術、頭の回転の速さ、それらを超えた中で、それらをふまえた上で、僕のイメージするプレイは生き続けていると思う。

少年時代の僕にとってサッカーは楽しいこと以外のなにものでもなかった。

あの頃と今とではその感じ方は変わった。もちろん今も楽しいことには変わらない。楽しくなければやめている。今は自分の思い通りに行かない部分がかなりある。周囲から聞こえてくる声も大きく変わった。それがまた楽しさでもあるのだが、やはり少年時代のサッカーとは大きく変わったことだ。けれども本質は変わっていない。

僕が考えるサッカーの楽しさは同じだ。ボールをもらって、パスを出す。それだけのことに無限のパターンがある。そしてその中でも自分の好きなパターンがある。それがプレイの中で上手くいった時、そこには他では得られない快感がある。まずプレイのイメージが頭の中にある。サッカーというのは最終的にはゴールに入れることであって、僕はその途中経過、ボールの動かし方にイメージを持っている。人それぞれにイメージがあり、僕には僕だけのイメージがある。こうパスが来て、こう通す、というふうに描いたことを表現させる。それはもう誰にも触れられない領域であり、誰にも触れさせたくない。そのイメージだけは何があっても崩したくない。それが僕が子供の頃から変わらずに持ち続けているプライドだ。同じ価値観を共有出来る人間だけがそこに入ってくることが出来る。賛否両論はあると思うが、それはしょうがないことだと思う。自由に意見を持ってくれていいと思う。しかし、そこに入ることは許さない。誰であろうと、入ってこられるのは同じ価値観を持つ人間だけなんだ。そのイメージの中に存在する領域は。

サッカーの同じイメージを持つ人間とは話さなくてもわかるし、同じイメージを持っていない人間にはどんなに話してもわからない。

自分が描くイメージは小学校の時もあったし、形を変えて今もある。それを言葉にするのは難しい。言葉に出来ないからこそ実際にプレイをして描いていくのだと思う。

例えば、簡単に言うと、とにかくボールが速く動かされていくこと。人が動くのではなく、常にボールだけが動いていく。オモチャのサッカーゲームのように、人は動かず、ボールだけがその間を飛び交う、あの感じ。あの感じがイメージだ。

サッカーにおいてそういったイメージは他者と共に作り出していくものだ。僕はおそらく人と協力して何かを作り上げていくのが好きなのだろう。イメージを分け合えるチームメイト、それが僕にとって大切な、サッカーにおいての仲間だ。そんな仲間が出来る瞬間、それがあるから僕はサッカーを続けてこられたのだと思う。今で言えば、やはりヒデ、俊輔、伸二。そういったチームメイトとなら、通じ合える。そこには居心地のよさがある。小学校の頃、そして今にいたるまで常にイメージを共有し合える仲間がいたからこそ、プロとしてやってこられた。辞めずにこられた。

たまに、実家に帰って、田んぼの稲が刈ってあったりする。そうすると、僕は思う。またここでボールを蹴ってみたいななんて。

プロとしてやっていると、芝のグラウンドとなり、どろどろになって家に帰ることなどまずなくなる。たまには泥まみれで家に帰るのもいいじゃないかなんて。芝でプレイ出来ることはもちろんすばらしいことなのだが、観客の前で仕事としてボールを蹴るということにはやはり少し違うものがある。時には子供の頃のように何もかも忘れて純粋にボールを蹴ってみたいと思うことがある。しかし自分ではそう思っていても、置かれている状況を思うと、そうも出来ない。現実には厳しいが、何もかも投げ出して自由にサッカーをしてみたいという思いがどこかにある。

しかしもう無理だろう。もうずいぶんと遠い場所に来た。いつか引退して、四十歳、五十歳になればわからないが。きっと五十になったら、田んぼでサッカーをするのではなく、稲刈りをしているかもしれない。

僕はどこにでもいる普通の男だと思う。ワールドカップの予選の頃から僕は僕が思っているよりも世間に知られているようだった。だから基本的に女性と付き合うときに望むのは、相手に普通にしていて欲しいということだ。僕は普通に街に出て、普通に食事をして、そして普通に僕に接して欲しい。たとえ周囲の声が聞こえたとしても、サッカー選手としてでなく、一人の男として接して欲しいと思う。ついこの間までは、静岡を歩いていてもなにもかもが普通の男だったのだ。

卒業後、社会に出てから友達になった人というと、たとえば Mr. Children のメンバーたちだろうか。彼らのCDはイタリアでもよく聴いた。新曲が出ると送ってくれたりもした。桜井さんは、I'll be という曲を僕に書いてくれたことがある。

よく飲みに行くのだが、彼らにはなんでも話せる。彼らもまた僕になんでも話してくれる。僕にはまったくわからない世界だが、曲作りのことや、バックコーラスのこと、なんでも話してくれる。彼らの歌にハモっている部分がある。カラオケで歌っていても、そのハモリの部分がすごく難しい。カラオケでは歌えない。それを桜井さんから教えてもらったりする。彼がひとりで歌ったりハモったり、曲を作ったり、すごいなと思った。ギターを持って来て、がーって弾いてその場で歌を作って歌ってる姿、すごいなと思った。

全員と仲がいい。食事に行こうと言うと、全員が来る。あのグループは本当に仲がいい。

彼らを見ていると、バンドに憧れることがある。サッカーもそうかもしれないが、音楽の方がもっと人に夢を見せられる気がする。より感動的なものが多い。こうなりたい、こういう生き方をしてみたい、こういう恋がしたい、そんなふうに思わせるような歌が多い。

代表のメンバーともバンドを組もうなんて話をよくした。僕と、岡野と中西永輔《なかにしえいすけ》と平野と服部の五人。楽器構成は岡野が決めた。僕がヴォーカル。岡野がドラム。永輔と平野がギターとベース。服部がキーボード。実際に楽器を弾ける奴は誰もいない。しかもこのメンバーじゃヴィジュアル系にならないぞ、コミックバンドになるぞなんて言って。

何年前だったろうか、東京が大雪の日。僕らは店の外で雪だるまを作って遊んでいた。すると、ユニフォームと短パン姿の桜井さんが出てきて、雪の中に走り出してスライディングした。

その瞬間、僕は思った。俺たち、友達なんだなって。

どうして雪だるまなんか作ってたんだろう。あの日、本当にすごい、すごい雪だった。ごみごみした狭い町に雪が降っていて、ふと見ると、電車の遮断機に雪が積もって折れていた。車は大渋滞していた。店の外に出たら、何故か仲間の一人が雪だるまを作っていた。雪だるまは、ドラえもんだった。もっとでかいやつをみんなで作ろうぜ、そう言って、僕らは近くのドラッグストアに行って軍手を買い集めてきた。そして、僕の身長ぐらいの雪だるまを作った。通りすがりの人が、あ、あの人、桜井さんにそっくりだよなんて言っている。しかし彼はそんなこと気にもしない。違う世界にいるのに、飽きない。僕らはお互いの話を聞き続ける。

朝になってもずっと雪だるまを作り続けた。

3

日本に帰り、ジュビロ磐田と契約した僕は、目標を見失い、嘔吐した。身体的な異変はやがて治ったが、今も目標と呼べるようなものは持っていない。

二〇〇〇年九月十六日、アジアクラブ選手権、ホームゲーム。相手は初戦で勝っている香港のサウスチャイナ。心配された雨は試合前にあがった。その日、ジュビロ磐田スタジアムの観客席は、連休中ということもあり、満杯となった。

病院とホテルの往復を繰り返して休んでいた僕が練習出来たのは試合直前のわずかな期間だけだった。

一年ぶりの磐田スタジアムのピッチ。モロッコでの代表ゲームから数えても、三ヶ月ぶりのピッチ。僕は二列目の左サイドに入った。芝生の感触。スタンドからの声援。僕の名前を呼んでいる。久しく聞いていなかった笛の音を聞く。ボールに触れ、周囲を見回す。

右を見ると、藤田俊哉の姿があった。

ディフェンスラインにはジュビロに移籍してきた大岩剛《おおいわごう》の姿があった。

嬉しかった。

昔からの仲間たちがここにいる。

記憶がよみがえってきた。イタリアでの一年間の苦しかったこと。帰国してからの空白の三ヶ月。契約の難航にはじまり、一人でジムに行き、一人で走ったこと。決して体調はよくなかった。しかし、

「イタリアで手に入れてきたものを試したい」

それがこの三ヶ月間の思いだった。

僕はイタリアで何かを手に入れることは出来たのか。手に入れたとしたら、それは何なのか。イタリアで試合をしている間はそれがわからない。しかし、元の場所に戻って来れば、それが物差しとなって自分の力を測ることが出来る。

モロッコでの代表試合でもそれは感じられた。フランス戦、ジャマイカ戦と続いたあの二試合は絶好の物差しとなったのだ。

「あ、やっぱり変わってるな」

フランス戦ではそう感じられた。ワールドカップ予選の時にも感じた劇的な変化がこの時にもあったのだ。

驚いた。

自分自身の頭の回転の速さ。

間違いない。イタリアに行ったことで、僕は成長している。見ている人にはわからないかもし

れないが、自分ではわかる。以前に比べて、はるかに速くなった。

そして、ボールへの執着心。ボールへの寄せ。速くなった。これも、イタリアでの環境から学んだことだろう。特に寄せの面に関しては、自分でもびっくりした。

「あ、速くなった！」

試合中、素直にそう感じた。

通常の試合ではなかなか感じられないことだが、代表の試合などで、相手が強いチームである場合、特に実感出来る。

「おまえ、球際に強くなったな」

帰国後、よく解説者の人々に言われた。しかし、それは違う。球際に強くなったのではなく、ボールに行くまでの速さがあがったため、相手との駆け引きに勝てるようになったのだ。どう展開していくのかを予想しておけば、寄せがより速くなる。

それは僕がイタリアに行くまではやってきていなかったことだ。もちろん以前からも頭は使っていた。しかしJリーグとセリエAでは、ベースとなるものに差がある。Jリーグでは手を抜いていても出来る場面でも、イタリアではそうはいかない。自分が遅れることで、まわりの選手にも負担がかかる。練習の段階からそれが感じられ、自然と身に付いていったのだ。

精神的に余裕が出来た面もある。

試合で劣勢に立った時に、心の中で思えるのだ。

いまは苦しい状況ではあるが、僕はもっと苦しい経験をしてきたのだ。もっともっときつい目にあったのだ。試合に出られない苦しさを味わったのだ。

ベネチアでは試合に出られない苦しみを味わった。しかし、僕はそれでも成長出来ると実感出来た。試合に出られなくても自分を高めることは出来るのだ。

「まだ変われるのか」

二十八歳となった今でも、変われるのだということが驚きだった。単純にパスが速くなったり強くなったりすることは、イタリアに行く以前から変わって当然だと考えていた。それぐらいは成長しなければ意味がない。むしろ、頭の回転や球への寄せの速さなど、自分で想像出来なかった部分での成長が嬉しかった。

そういったことは自分で判断するしかない。他人の目を通した、変化というのは信じられない。相手が強く、コンディションもよい時、僕は僕の力を測ることが出来る。僕だけが出来る。実際、僕が思ったように僕の変化を言い当てた人は一人もいなかった。ひときわ歓声を受けたり、評価されたりするのは、僕がイタリア帰りという前例の少ない選手だからというだけだろう。単純に経験値が違うし、よく見える部分があるのかもしれない。しかし僕はもう他人の目はどうでもいい。自分の評価は自分でしなくてはいけない。それが出来なければ一流の選手にはなれない。まして、サッカーは数字にこだわるスポーツではないのだから。

これまで僕は常に目標を持って、プレイしてきた。

時にチームのレギュラーであり、時にJリーグのタイトルであり、時に代表という肩書きだった。そういったことが常に目の前にちらついていた。届きそうなところを一つ一つ目指しながらがんばってきた。

それが今はない。イタリアを去り、ジュビロに加わり、どうすればいいのか、どうしていけばいいのか、考えていなかった。考えられなかった。目の前に迫ってくる日程があった。試合が出来た。ただ目の前にある試合に向かって進むしかない。ジュビロでも代表でもそうなのだが、まわりのみんなが楽しく動けるようにと働ければそれでいい。

そのために僕は、働く。

試合に負けた時の悔しさというのは減ったかもしれない。やる気が以前のようには出て来ないのかもしれない。

しかし、それも気の持ちようなのだ。

アジアクラブ選手権での、三ヶ月ぶりのゲーム。六十分で交代した。この六十分間で僕はわかったことが一つある。

目標はなくてもサッカーは楽しかった。

六十分という出場時間の間、心からサッカーを楽しめた。

一般的にスポーツ選手というのは目標を決めやすい仕事だと思う。しかし他の分野には目標も決めないまま、素晴らしい仕事をしている人たちがいる。例えばミスチルのコンサートに行くと、そんなことを思う。どうしてこんな歌詞が出るのだろうかと。彼らは勝つために歌っているわけではない。売れるために歌っているわけでもない。彼ら四人は彼らのやり方で、自分たちの考えを世の中に伝えている。かっこいいな、と思う。そこには、目標がどうこういうものではないものがある。

この試合で僕は、勝つ負けるではなく、楽しく自分らしくプレイすればいいのだと考えた。それが僕の基本となる考えだ。そんな気持ちが取り戻せた。

ボールに触りたい。

グラウンドに立ちたい。

サッカーがしたい。

そう思えてきた。改めて思った。

サッカーが好きだと思えた。

欲があるわけではない。代表に入るためでもない。そういったこととは関係なく、本来の純粋な気持ちでサッカーが出来た。

前半から決定的な場面を何度か作った。観客席は沸いていた。僕が帰国後の初試合ということで、期待してくれていた人もいただろう。しかしこの時は、それに応えようとは思わなかった。

ただ僕は、今生き生きしているなと思った。

もう一度海外に行きたいという思いは今もある。

特にフランスには以前から行きたかった。もちろん甘いものではないだろうが、極端に上のレベルではないし、やってやれないレベルではない。また、自分の追い求めているサッカーのスタイルにも近い。行くとは言えないが、行きたい。

しかし、もうそれは目標ではない。

目標。夢。

今の僕はそんな言葉からは、もう何も感じない。

目標を見失ったら人間はおしまいだと言うが、そうは思わない。ひとまずはジュビロの中で自分の思ったパフォーマンスを出来るようにと考えている。

「楽しくサッカーをやる」

それが、自分の中の永遠のテーマだ。それを追い求めながら、引退の日まで続けていくつもりだ。

試合終了の笛の音はベンチで聞いた。

この年、この試合が最も印象に残った試合だった。

「今日の試合はどうでしたか？」

試合後、取材でそんな質問を受けた。

「普通、普通」

僕はそう答えた。

そんな流れの中、僕はアジアカップの代表に選ばれた。

不思議なことだった。僕は浪人生活から抜け出したばかりであり、まだアジアクラブ選手権の一試合にしか出ていない。同じくスペインから帰国していた城が選ばれていないこともあって、何故自分が選ばれたのだろうという思いが強かった。

この違和感をトルシエに伝えると、彼は、

「おまえが一試合しか出ていないのはわかっている。しかも九十分間プレイしていない。おまえはモロッコのフランス戦以来九十分間プレイしていないから、どうかとも思った」

と言う。

「しかし、チームにはおまえが必要なのだ。だから呼んだ」

責任感が生まれた。

選ばれた以上、力を見せるしかない。体調は非常に良かったのだ。

この時の日本代表は、以前よりも増して、シドニーオリンピック代表の世代が中核を成しはじめていた。彼らはみな、オリンピックで活躍し、マスコミ上でも華々しく取り上げられていた。

彼らはシドニーオリンピックで、結果を出していたし、個々の能力は確実に成長している。みんな、自信を持って日本代表に加わってきたはずだ。いい空気をA代表に持ち込んでくれたことを感謝していた。そして、彼らはオリンピックの連戦の疲労感みたいなものがあるだろうから、僕らの年代の選手が協力していければいいなとも思っていた。

この大会で日本代表は優勝した。

個人的にも、ハッサン二世国王杯でのフランス戦から感じていた自分の成長を思い切り体感出来た。プレイの質が劇的に変化しているのを感じられた。

大会期間は非常に長いものになった。チームメイトたちとも一ヶ月以上一緒に過ごすこととなり、それによって急成長していったのだと思う。目には見えないコンビネーション。意思の疎通。コンビネーションは大会をおうごとにスムーズになっていくのは当然だし、選手はみんな頭がいいから、自分のやりたいことを感じさせるのがうまい。感じるのも速い。シドニーオリンピックの世代が中心になっている中に僕らが入っても違和感がなかった。

「以前の日本代表とどこが違ったのか」

評論家やスポーツライター的な意見を言うなら、様々な要素があげられると思う。戦う心だとか経験的なずるさだとか、そういった指摘をすることもできるだろう。しかし現場でプレイしているチームの一員としては、そんなことよりも、もっと具体的でリアリティのある違いがある。

環境面の変化だ。

僕は四年前のアジアカップも経験しているからわかるのだが、環境面が前回と極端に異なった。レバノンは非常に過ごしやすかった。外出したとしても、中華料理からイタリア料理まで自由に食べることが出来た。こういった差が、四年前に比べて、チームの完成度を高めるのだ。そういったことを土台とした気持ちが、高いパフォーマンスを生み出す。中東で行われる大会にしては珍しくリラックスして過ごせた。また、世代間の隔たりもなく、コーチやスタッフもチームの和の中に入れた。残念ながら、そういったことを指摘できるライターはいない。

一部では、この大会は、僕が中心となっていたと言われたが、僕自身は特に意識していない。試合前に声を出すようなこともないし、練習でもいつも一番後ろにいる。冷めたものだ。キャプテンではないというのは、非常に楽だ。チームメイトにわざわざ何か言いに行ったりする必要はないし、ミーティングでも僕は黙っている。

僕にキャプテンシーのようなものは求められても困る。実際トルシエからも、

「おまえはキャプテンにはさせない」

と言われた。と同時に、

「でも、リーダーシップはとれ」

と言う。どっちなんだという話だ。

僕がキャプテンをした韓国戦では負けている。そういうこともあって、彼は僕にキャプテンはやらせないと言っているのだろう。しかし彼がそこまで言ってくれたからこそ、

「僕はもう信頼されているんだ」

と思えた。

時に反発することもあるが、賛同もする。過去にいろいろあったが、今は普通に付き合ってい

ると言えるだろう。それを、雨降って地固まる、なんてきれいな言葉で片づけられたくないほど、腹の立つ過去ではあったが。

プレイ中、僕はチームメイトからの信頼を常に感じていた。

決して中心として動いていたわけではない。ただ信頼を感じる。他の選手よりも五、六歳は年上であるし、イタリアに行っていたという目で見られていたということもあるだろう。だから、率先してやらざるをえなかったし、言わざるをえなかった。

僕自身はいつものように裏方に徹したつもりだ。それを特に評価されたのは、たまたまコンディションが良かったこと。そして、みんなが生きるようにとプレイすることを心がけたからだろう。

「名波がいたから、自分は動けた」

チームメイトたちからそう思われることが、何より嬉しい。そういった気持ちを一人一人が持つことが和を作り、チームを成長させていくのだと思う。

僕はチームをぐいぐいとひっぱっていくタイプではない。ただ、後ろからそっとみんなの背中を押してあげられるような、そんな選手でありたいと思う。

決勝戦でサウジアラビアを破り、日本は優勝した。

優勝しても、泣いたりはしなかった。ほっとした。目に見えないプレッシャーがあったのだ。

どの国よりも報道陣が多く、伝わる量もどの国よりも多く、大きい。そういったプレッシャーもあった。

僕は大会MVPを受賞した。

MVPがあるなんて知らなかった。

本当に、心から嬉しかった。

自分がやってきたことを認められた嬉しさもある。

しかし、何よりも僕が嬉しかったのは、この受賞によって、父、母、そして僕の仲間たち、彼らにあることを伝えることが出来たと思うからだ。

僕はセリエAに行き、そして帰ってきた。多くの人が、僕のセリエA行きを、失敗だと断定していた。だからきっとあいつは落ち込んでいるだろう。そう思っていた人も多かったかもしれない。

しかし僕にはわかっていたのだ。決して輝かしい成功をおさめたわけではないが、かといって失敗したわけでもない。

ベネチアで長く試合に出られない時期があった。移籍先が決まらず、試合が出来ない時期があった。ジュビロに戻り、嘔吐が止まらず、食事も水もとれない時期があった。その頃の僕を知っている人たちに、その頃の僕を心配そうに見守ってくれていた人たちに、家族に、仲間に、

「僕はへこんではいないんだ」

と、教えてあげたかった。

「僕は大丈夫なんだ。心配しなくてもいいんだよ」

と、知らせてあげたかった。

やっと見せることが出来た。それが何より嬉しい。

トルシエが代表に呼んでくれなければ、パフォーマンスを見せることも出来なかった。トルシエにも見せたかった。

だからこそ嬉しかった。

優勝する姿を見せたかったわけではない。MVPをとりたかったわけではない。ただ、一人一人が僕のパフォーマンスを見てくれればいい。僕のパフォーマンスから感じ取ってくれればいい。

僕ははじめからわかっていたのだから。コンディションさえ良ければ、きっとみんなが安心してくれる、認めてくれるプレイが出来ることを。

両親は、おめでとうと言ってくれた。深夜の放送であるにもかかわらず、友達はみんな見ていてくれ、試合が終わるたびに、メールが来た。

MVPの記念品は、オーディオセットだった。誰かにあげてしまった。そして、ボールをかたどったトロフィー。これも、誰かにあげたのか、実家に置いてあるのかよくおぼえていない。

帰国後、何ヶ月かして、アジアカップの時に使用したまま整理していなかったカバンを開けてみた。すると、汗と土に汚れたユニフォームにまぎれて、カバンの一番底からはくしゃくしゃのゴミのようなものが出てきた。それは、よれよれになった優勝メダルだった。

左足から放たれた哲学

――Mr.Children　桜井和寿

「言い過ぎ、言い過ぎ。」

きっと名波君はそう言って笑うだろうけれど、２０００年アジアカップの名波君のプレーを観て、何かが変わっていくのが分かった。

日本代表とか、日本のサッカー界とかじゃない。僕の中の何かがだ。

僕らは、サッカーを観ながら、サッカーだけを感じているわけではない。たまたま僕はミュージシャンなので、バンド内の人間模様や、アレンジなんかをサッカーに照らし合わせて考えてみることが多いのだけれど、個人と集団、激しさと冷静さ、調和と不調和、秩序と無秩序、偶然と必然、……ｅｔｃ。ピッチ上で起こっていることと、僕らが日常の中で出くわす様々な物事とを、無自覚に重ね合わせてサッカーを感じているのだと思う。

大げさに言えばプレーひとつひとつが哲学だ。

アジアカップで名波君が放ったプレーから、僕はいっぱいの哲学を読み取ることが出来た。例えば、名波君がそれを否定したとしても、僕が感じたものに間違いはないし、この本を読んだ人なら、きっと僕と同じ思いだと思う。

優れたプレーは、雄弁に歌われる愛の唄なんかより遥かに強い影響力をもっていて、深い深い意識の底に居座り、僕を動かす。

名波君が放ったそれらが、観ていた人たち総ての潜在意識に植え付けられたとしたら、この国だって変わる。たぶん。

ブックデザイン　野村道子
カバー写真　週刊サッカーダイジェスト
口絵写真　週刊サッカーダイジェスト（P．1〜3、P．8）
㈱ヤマハフットボールクラブ（P．4、5）
梁川剛（P．6、7）
取材　坂元裕二
編集　舘野晴彦（幻冬舎）
菊地朱雅子（幻冬舎）
協力　㈱アーキテクト
烏龍舎

本書は書き下ろしです。原稿枚数四三八枚（四〇〇字詰）。